올레, 스페인

올레, 스페인

호기심 많은 아이를 위한 문화 여행

모니카 비엔-쾨니히스만 글
마리아 덱 그림 | 이지원 옮김

 백 년 동안 사람들은 로마인이 스페인을 부르던 '히스파니아'라는 이름이 '토끼의 땅'이라는 말에서 왔다고 생각했어요. 고대 로마의 작가 플리니우스도, 정치가 카토도 그렇게 기록했지요. 옛날 스페인 땅에서 쓰던 동전에 토끼 그림이 새겨진 것도 있었어요. 하지만 지금 학자들은 '히스파니아'가 페니키아어인 '이-스판-냐(y-span-ya)', 그러니까 '금속을 녹이는 땅'이라는 말에서 왔다고 생각해요. 페니키아인은 스페인 땅에 금이 묻혀 있다고 생각해서 이런 이름을 붙였어요. 하지만 플리니우스와 카토의 생각도 근거가 없는 건 아니에요. 유럽 토끼의 원산지가 바로 스페인이거든요. 지금도 스페인에는 토끼가 아주 많이 살아요.

스페인 땅에는 아주 옛날부터 토끼뿐만 아니라 사람도 살았어요. 5천 년 전, 유럽의 남서쪽 끝인 이 지역에 이베리아인이 살았어요.

이들에 대해 알려진 것은 많지 않지만, 이 민족의 이름에서 지금의 스페인, 포르투갈, 지브롤터와 안도라가 위치한 **이베리아반도**라는 이름이 생겼어요.

이후 이 지역에 다른 고대 사람들이 찾아왔어요. 페니키아인, 그리스인, 로마인, 서고트인, 무어인들이 잠시 또는 수백 년 동안 살았어요.

가장 오래 산 사람들은 711년에 북아프리카에서 지브롤터 해협을 건너온 무어인이에요. 유럽 사람들은 이들을 지중해 밖으로 몰아내려고 했지만, 800년이 지나서야 그럴 수 있었답니다. 무어인은 이베리아반도에 많은 흔적을 남겼어요. 스페인 남부 안달루시아 지방에 가면 동화 속에 나올 것 같은 무어 양식의 성과 궁전을 볼 수 있어요. 안달루시아 지방의 달콤한 과자에도 무어인의 영향이 남아 있지요.

15세기에는 아라곤 왕국의 페르디난트 왕과 카스티야 왕국의 이사벨 여왕이 결혼해서 아라곤과 카스티야 두 왕국을 합쳤어요. 이렇게 해서 스페인 왕국이 탄생했지요. 스페인 왕국은 영토를 점점 더 확장해서 거대한 나라가 되었어요. 그랬던 스페인 왕국이 19세기 초에는 힘이 약했어요. 1920년대에는 독재자 프랑코가 스페인을 다스렸지요. 프랑코가 죽은 뒤, 1975년 스페인은 다시 왕정으로 복귀했어요. 지금 스페인은 입헌 군주국이에요. 왕은 스페인을 대표하고, 정치는 국회와 수상, 장관들이 해요.

지금 스페인은 열일곱 개의 지역으로 이루어져 있고, 지방 자치제가 발달했어요. 스페인 사람들은 자기 나라를 **라스 에스파냐스**(Las Espanas, 스페인어의 발음 기호 읽는 법은 23쪽을 보세요.)라고 복수형으로 말해요. 마치 자기들이 여러 개의 스페인에 살고 있는 것처럼 말이지요.

왜냐하면 스페인은 아주 다채로운 나라거든요. 상상해 보세요, 시에라네바다산맥의 눈 쌓인 산에서 스키를 타고 내려와 자동차를 타고 한 시간을 달려 지중해의 따뜻한 바닷가에 차를 세우고 바닷물에 뛰어들 수도 있으니까요.

이렇게 한번 해 보고 싶지 않나요? 그럼 같이 스페인 여행을 떠나요!

7

1.  **피레네산맥** – 프랑스와 스페인의 국경을 이루는 산맥으로 가장 높은 산봉우리는 피코데아네토(해발 3,404미터)예요.

2. 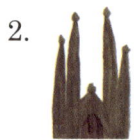 **바르셀로나** – 카탈루냐의 수도로 100년 넘게 짓고 있는 유명한 사그라다 파밀리아 성당이 있어요. 2026년에 완공 예정이에요.(104–111쪽을 보세요.)

3.  **몬세라트** – 바르셀로나에서 서쪽으로 40킬로미터 떨어진 곳에 있는 거대한 암석으로 성 베네딕트 수도회의 검은 성모상이 있어요.

4.  **타라고나** – 고대 로마 시대의 우아한 도시로 오늘날까지 유적이 남아 있어요. '악마의 다리'라고 불리는 수로도 그 가운데 하나예요.

5.  **발렌시아** – 바로 이 지역에서 유명한 스페인 음식 파에야(100쪽을 보세요.)가 등장했어요. 오렌지 산지로도 유명해요.

6.  **알리칸테** – 알리칸테의 산후안 해변은 스페인에서 가장 아름다운 바닷가예요.

7.  **알메리아** – 이 도시 근처에 서부 영화를 촬영한 사막이 있어요.

8.  **그라나다** – 세계에서 가장 멋진 요새형 궁전 알람브라가 있어요.

9.  **시에라네바다산맥** – 스키 타는 사람들이 좋아하는 산맥으로 가장 높은 산봉우리는 물아센(해발 3,478미터)이에요.

10. **론다** – 깊은 협곡으로 갈라진 도시를 거대한 다리로 이었어요. 스페인에서 가장 오래된 투우장이 있어요.

11.  **지브롤터** - 유럽 서쪽 끝에 자리한 영국의 영토예요. 고대 사람들이 헤라클레스의 기둥이라고 부른 두 개의 봉우리가 이베리아반도와 아프리카 사이에 있는 지브롤터 해협을 지키고 있어요.

12.  **세비야** - 안달루시아의 수도로 스페인의 왕들이 사랑한 도시예요. 종교 재판의 중심지이기도 했지요.(145쪽을 보세요.) 세비야의 성 마리아 성당은 세계에서 가장 큰 고딕 성당이에요. 카르멘과 돈 후안도 세비야에 살았어요.(61쪽과 69쪽을 보세요.)

13. **코르도바** - 세계적으로 유명한 이슬람 사원과 성당이 함께 있는 메스키타가 있어요.

14. **카디스** - 스페인에서 가장 오래된 도시로 기원전 11세기에 세워졌어요.

15. **도냐나 국립 공원** - 이 지역의 습지에는 플라밍고 같은 여러 종류의 새가 살아요.

16. **헤레즈데라프론테라** - 식사 전에 마시는 백포도주 셰리가 생산되는 곳이에요.

17.  **하엔** - 안달루시아의 시골 마을로 6천만 그루가 넘는 올리브 나무가 자라는 올리브 왕국이에요.

18. **톨레도** - 스페인의 옛 수도로 수 세기 전부터 과자 마르지판을 최고로 잘 만들어요. 스페인을 단 하루 여행해야 한다면 톨레도에 가야 한다고 해요.(137쪽을 보세요.)

19. **마드리드** - 스페인의 수도로 유럽의 수도 중 가장 높은 곳에 있어요. 유명 미술관인 프라도 미술관, 국립 소피아 여왕 예술 센터, 티센보르네미사 미술관이 있어요.(145쪽을 보세요.)

20. **쿠엥카** - 높은 벼랑 위의 도시로 중세 시대에 만든 '허공에 매달린 집'을 볼 수 있어요.

21. **라만차** - 풍차와 싸운 기사 돈키호테의 고향이에요.

22. **아빌라** - 잘 보존된 중세의 방어 성벽과 88개의 망루, 9개의 성문으로 둘러싸인 도시예요.

23. **세고비아** - 이베리아반도에 남아 있는 고대 로마 유적 중 가장 아름다운 수로를 감상할 수 있어요.

24. **살라망카** - 스페인에서 가장 오래된 살라망카 대학교가 있어요. 13세기 초에 세워졌어요.

25. **사라고사** - 1809년 프랑스의 나폴레옹 군대에 맞서 끈질긴 저항을 한 도시예요.

26.  **리오하** – 이 지역의 완만한 언덕에서 자라는 포도로 리오하 포도주를 만들어요.

27.  **산세바스티안** – 수십 년 전부터 매년 유명한 영화제가 열려요. 맛있는 음식으로도 유명해요.

28.  **빌바오** – 7만 송이의 꽃으로 만든 13미터 높이의 개가 지키는 이상한 모양의 은빛 건물 구겐하임 미술관이 있어요.

29.  **산티아고데콤포스텔라** – 예수의 열두 제자 중 한 명인 야고보가 묻혀 있다고 전해져 중세 시대 때부터 중요 성지였어요.

30.  **팔마데마요르카** – 마요르카의 수도로 지중해의 발레아레스 제도의 섬 가운데 하나예요.

온 나라에 태양빛이 가득

스페인은 유럽의 남서쪽에 있어요. 끝부분은 아프리카에 거의 닿아 있지요. 서쪽은 포르투갈, 북동쪽은 프랑스와 안도라(국경은 피레네산맥에 있어요.), 남쪽으로는 지브롤터(이 작은 반도는 영국령이에요.)와 모로코(지브롤터 해협 건너편, 아프리카에 자리한 나라예요.)와 국경을 접하고 있어요.

스페인은 유럽에서 세 번째로 큰 나라예요. 17개의 자치 지역이 다시 50개의 주로 나뉘어요. 이 자치 지역들은 옛날에는 각각 하나의 나라였는데, 올리브와 레몬, 오렌지, 면화로 잘 알려진 안달루시아와 바르셀로나를 수도로 하는 카탈루냐, 맛있는 음식으로 유명한 바스크 지역 등이 있지요.

스페인에는 비가 많이 내리지 않아요. 맑은 날이 일 년에 300일이 넘는다는 말도 있어요. 하지만 그건 사실이 아니에요.

북쪽 지방은 꽤 자주 비가 내려서 날씨가 온화하고도 습하거든요. 반면 남쪽 지방은 정말 더운 데다 해가 많이 나서 거의 일 년 내내 일광욕을 즐길 수 있어요. 여름이면 너무 더워서 학생들은 수업을 한 시 전에 마치고, 조금 선선해지는 오후 늦게 다시 학교로 돌아와야 한답니다.

스페인은 거의 대부분이 바다로 둘러싸여 있어요. 남동쪽에는 지중해, 북쪽과 약간 서쪽에는 대서양이 있어요. 아프리카와 스페인을 가르는 지브롤터 해협이 대서양과 지중해를 잇고 있어요.

스페인에는 바다 말고 산도 많아요. 전 국토의 삼분의 일을 차지하고 있어요. 가장 유명한 산맥은 프랑스와 이베리아반도를 나누는 피레네산맥이에요. 남쪽에는 스키 타는 사람들이 좋아하는 시에라네비다산맥의 베틱산이 있어요.

스페인은 유럽 대륙에 붙어 있지만, 섬도 많아요. 대서양에 있는 카나리아 제도와 지중해에 있는 발레아레스 제도뿐만 아니라 많은 무인도도 스페인에 속해요. 아프리카 바닷가에 있는 두 도시, 세우타와 멜릴라도 스페인 영토랍니다.

스페인어를 해 보아요

이베리아반도에 여러 민족이 거쳐 간 덕분에 오늘날 스페인의 문화는 아주 다양해요. 사용하는 말도 다양하지요. 공식 언어만 네 개이고, 스페인 전 지역에서는 **카스티야어**라고 부르는 스페인어를 써요. 하지만 갈리시아 지방에서는 **갈리시아어**를, 카탈루냐 지방에서는 **카탈루냐어**를, 바스크 지방에서는 **바스크어**를 쓴답니다.

실제로는 어떨까요? 카탈루냐 사람들은 카스티야어도 알고, 카탈루냐어도 알아요. 이 지방에서는 텔레비전 프로그램이나 라디오에서 카탈루냐어를 쓰고 책도 카탈루냐어로 쓰인 것이 많지만 거리의 이정표나 관공서에는 두 가지 말이 모두 쓰여 있답니다.

카스티야어와 카탈루냐어는 많이 비슷하지만, 스페인 북부나 바스크 지방에 가면 카탈루냐 사람은 길거리에서 다른 사람의 말을

알아듣지 못할 수도 있어요. 바스크어는 지명조차 전혀 다를 때가 있거든요. 바스크 지방을 스페인어로 파이스 바스코라고 부르지만 바스크어로 에우스카디아라고 불러요. 바스크어로 바닷가 도시인 산세바스티안을 도노스티아, 나바라 지역을 나파로아라고 해요. 바스크어는 아주 신기해요. 연구자들이 열심히 찾고 있는데 어디서 기원했는지 밝혀지지 않았거든요. 재미있는 점은 바스크어에는 욕이 없다는 거예요.

만약 진짜 스페인 사람처럼 이야기하고 싶다면, 손으로도 말해 보세요. 스페인 사람들이 가장 많이 쓰는 손짓을 소개할게요.

• 강조할 때는 엄지손가락과 집게손가락을 연결하고 손을 얼굴에서 가슴으로 내려요.
• 진짜 맛있다고 표현하려면 엄지손가락과 집게손가락을 합친 후 키스를 해요.
• 누군가의 뻔뻔스러움에 화가 났을 때는 뺨 옆을 찰싹 두드리면서 **"뻔뻔하군!"** (케 모로!)이라고 말해요.
• 누군가가 지겨워졌을 때는 집게손가락으로 목을 긋는 시늉을 해요.
• 누군가 사기를 당하기 전에 경고를 하려면 집게손가락을 눈 아래에 대요.

스페인어의 많은 단어가 아랍어에서 왔어요. 아랍어를 쓴 무어인의 흔적이지요. 예를 들어 '알'로 시작하는 단어들, **알카사바**(성채), **알멘드라**(아몬드), **알폼브라**(양탄자) 들이 있어요. 이슬람 사원을 뜻하는 **메스키타**나 **나란하**(오렌지), **사나오리아**(당근)도 아랍어에서 온 말이랍니다.

이 세상에서 가장 많은 사람이 사용하는 언어가 뭔지 알아요? 바로 중국어예요. 스페인어는 그다음이에요. 주로 남아메리카와 북아메리카 대륙, 그리고 스페인에 사는 6억 5천만 명의 사람들이 써요. 제2외국어로 스페인어를 하는 사람도 1억 명이나 된답니다.

여러분은 스페인어에서 물음표를 문장의 맨 뒤뿐 아니라 맨 앞에 거꾸로 쓴다는 것을 알고 있나요?

스페인어 읽기에 참고하세요!

c는 ㅋ과 비슷한 소리가 나요.
c가 e나 i 앞에 오면 ㅅ과 비슷한 소리가 나요.
ch는 ㅊ과 비슷한 소리가 나요.
g가 e나 i 앞에 올 때에는 ㅎ과 비슷한 소리가 나요.
h는 발음하지 않아요.
i는 이, j는 g와 비슷한 소리가 나고,
ll은 유, que, qui는 케, 키라고 읽어요.
z도 ㅅ과 비슷하게 읽어요.

축제를 즐겨요

2월에는 카디스에서 기독교 축제인 **사육제**가 시작돼요. 알록달록한 옷을 입은 사람들이 거리로 쏟아져 나와 열흘 동안 노래하고 웃고 즐겨요. 사육제의 마지막 날인 재의 수요일에는 엄숙한 장례식을 치러요. 누구 장례식이냐고요? 바로 정어리 장례식이에요. 곧 대서양 연안에 자리한 이 도시 사람들은 정어리를 아주 많이 먹게 될 테니까요. 정어리에게 감사의 뜻을 표하기 위해 분장을 한 카디스 사람들은 종이 죽으로 만든 거대한 정어리 상을 들고 행진을 한 뒤 즐거운 함성을 지르며 불에 태워요.

곧 **세마나 산타**, 고난 주간이 다가와요. 주일부터 성토요일까지 웅장한 행렬이 스페인 도시의 거리를 휩쓸어요. 세비야의 세마나 산타가 가장 유명하지요. 새벽 3시에 첫 행렬이 시작해 곧 다른 행렬들이 줄을 이어요. 몇 시간 동안 계속되기도 하지요! 행렬 참가자들은 흔들리는 촛불로 화려하게 장식된 성경 속

인물들을 태운 가마를 메고 행진해요. 가마의 무게는 수백 킬로그램부터 1톤이 넘는 것들도 있어요. 군중 사이에서 뾰족한 모자를 쓰고 긴 망토를 입은 **나사렛 사람들**이 눈에 띄어요. 이들은 죄를 회개하는 중이에요.

3월이면 발렌시아에서 **불꽃 축제**가 열려요. 이 도시 사람들은 몇 달 전부터 준비한 종이로 만든 거대한 상을 태우면서 불꽃놀이를 즐겨요. 쿵쿵 소리와 연기가 발렌시아를 가득 메우지요. 심장이 약한 사람들은 조심하세요!

세마나 산타가 끝나면 세비야에서는 즐겁고 화려한 **페리아 데 아브릴** 축제가 열려요. 여자들은 주름이 달린 화려한 긴치마를 입고 남자들은 멋진 양복을 차려입어요. 도시 전체가 노래를 하고 플라멩코를 춰요. 거리에는 멋진 안달루시아 말이 끄는 마차와 행렬이 등장해요.

5월이 되면 코르도바 사람들은 **데로스 파티오 축제**를 열어요.
마당과 집 안의 파티오(안뜰)를 수천 송이의 꽃으로 장식해요.
가장 아름다운 꽃 장식을 뽑는 대회도 열려요.

본격적으로 더워지는 7월이 되면 팜플로나 사람들은 전통적으로
전해 내려오는 **황소 달리기** 대회를 열어요. 대담한 사람들은
마구 흥분해서 좁은 골목을 질주하는 커다란 황소들을 몰면서

달려요. 하지만 조심! 이것은 아주 위험한 놀이예요. 땅에 뒹굴어 부상을 입는 사람들도 많답니다.

이 축제들은 수많은 스페인의 축제 가운데 일부예요! 아직 달력의 반밖에 안 왔는걸요. 스페인에는 거의 일 년 내내 축하할 일이 있답니다.

줄서서
아침을 먹어요

일요일 아침, 스페인 남자들은 거의 비슷한 일을 해요. 9시부터 11시 사이에 추로스를 파는 작은 상점인 **추레리아스** 앞에 줄을 서고, 종이에 싼 추로스를 사서 뛰어서 집으로 돌아가요.

왜 뛰어가냐고요? 따뜻할 때 가장 맛있거든요. 가족이 집에서 기다리고 있지요. 이제 곧 온 가족이 식탁에 둘러앉아 핫초코나 커피에 **추로스**를 찍어 먹겠지요.

추로스는 자르면 별 모양이 되는 길고 얇은 빵이에요. 밀가루와 소금, 물, 기름, 설탕으로 반죽해 기름에 튀기지요. 스페인 사람들이 가장 좋아하는 아침 식사예요. 새해 전날 파티가 끝날 무렵에도 추로스가 빠지지 않아요. 왜냐하면 **추레리아스**는 다른 가게들보다 일찍 열거든요. 어떤 곳은 새벽 다섯 시에 열기도 해요!

추로스는 스페인에만 있는 건 아니에요. 포르투갈 사람들도 먹고, 멕시코, 필리핀, 미국에서도 즐겨 먹어요.

추로스가 어디서 온 음식인지 알 수 없어요. 어떤 사람들은 중국에서 왔다고 하고, 어떤 사람들은 아랍 음식이라고 해요. 스페인의 양치기들이 생각해 냈다는 주장도 있어요. **추로스**라는 이름은 기름이 달구어진 프라이팬에서 나는 소리에서 왔을 거예요. 이랬건 저랬건, 추로스는 아주 맛있는 음식이지요.

스페인 사람들이 즐겨 먹는 또 다른 아침 식사는 바삭하게 구운 토스트나 바게트에 잘게 썬 토마토를 얹고 올리브유와 소금을 살짝 뿌린 요리예요. 이 토마토 토스트 조리법을 159쪽에서 찾아보세요!

스페인의 크리스마스

여러분이 상상하기 어려울지 모르지만, 스페인에서는 크리스마스 날에 선물을 주고받지 않아요. 물론 크리스마스를 축하하긴 해요. 하지만 학교나 직장이 쉬는 건 25일 단 하루예요. 크리스마스이브 만찬은 늦은 저녁인 9시쯤에 시작해요. 크리스마스의 상징은 말의 먹이 그릇인 말구유예요. 거리의 야자수에는 장식을 하기도 하지만, 집을 크리스마스트리로 장식하지 않아요.

다음 해 1월 6일은 '동방 박사의 날'이에요. '동방 박사의 날'은 세 명의 왕 멜카이어와 카스파, 벨사사르가 아기 예수의 탄생을 축하하러 온 것을 기념하는 날이지요. 1월 4일이 되면 스페인 여러 도시에 전령이 등장해서 동방 박사가 온다는 걸 알려요. 다음 날 저녁, 사람들은 거리로 쏟아져 나와 마차와 낙타, 악단과 함께 행진하는 **세 왕의 행렬**을 구경해요. 세 명의 왕과 왕을 따르는 이들은 관람객들에게 단것을 나누어 준답니다.

스페인에서 중요한 행사는 크리스마스의 복권이에요. 크리스마스 한 달 전부터 이 복권을 사기 위해 긴 줄이 늘어선답니다. 가격이 비싸서 보통은 한 가족이 복권 하나를 사요. 스페인 사람들은 이 복권을 뚱뚱한 남자라는 뜻의 **엘 고르도**라고 불러요. 아마도 이 복권에 당첨되면 정말 많은 돈을 받을 수 있기 때문일 거예요. 복권 추첨은 12월 22일에 하는데, 어린이들이 행운의 번호를 뽑아 카메라 앞에서 읽어 줘요.

1월 6일 아침에야 어린이들은 구두 속에 들어 있는 선물을 발견해요! 세 왕이 타는 낙타를 위한 지푸라기를 구두 안에 넣어 두는 걸 잊지 않았다면 말이지요. 이날 식탁 위에는 로스콘 데 레예스라는 빵이 놓여요. 이 빵에는 작은 조각상을 미리 넣어 두어요. 빵을 먹다가 조각상을 발견한 아이는 왕이나 여왕으로 뽑혀 왕관을 받는답니다.

매년 12월 초에 카탈루냐의 모든 집에서 **티오 데 나달**, 그러니까 크리스마스 난로라고 하는 속이 빈 나무토막을 준비해요. 이 나무토막은 웃는 개나 나무 다리가 달린 사슴과 비슷하게 생겼어요. 이 나무토막을 담요로 덮고 매일 장난감과 단것을 먹여요. 크리스마스이브가 되면 아이들은 **"나무토막아, 똥을 눠."**라고 노래를 부르면서 작은 선물이 쏟아져 나올 때까지 나무토막을 두드린답니다.

숨이 막힐 수 있으니 조심하세요!

딩 동 딩동 딩동……. 시계가 일정하게 울리며 12시를 알립니다. 묵은해가 지나고 새해가 옵니다. 우리나라에서는 종을 치고, 불꽃을 터뜨리고, 모두들 떠들썩하게 웃으며 새해 인사를 주고받아요. 하지만 스페인은…… 조용합니다. 수천 명의 사람들이 집중해서 **포도**를 삼키는데, 더 이상한 것은 외다리로 서 있다는 것이지요. 시계 종이 한 번 울릴 때마다 포도 한 알을 삼켜야 해요. 그러고 나서 발을 오른발로 바꿔 새해를 시작하고, 그제야 축배를 들 수 있지요. 열두 알의 포도를 먹으면 새해에 성공이 보장된다고 하지만, 아주 어려운 일이에요! 포도 껍질은 질긴 데다 포도 알이 커서 목에 걸릴 수도 있으니까요. 모두가 포도 알을 안전하게 삼킬 수 있도록 마드리드 시청사의 시계는 12월 31일 밤에는 조금 천천히 울려요. 그래서 스페인은 새해를 다른 유럽 나라들보다 조금 늦게 시작한답니다.

스페인에는 신기한 새해 풍습이 많아요. 여행을 좋아하는 사람들은 포도 열두 알을 다 먹은 뒤 얼른 **여행 가방**을 끌고 집 주위를 돌아요. 어떤 사람들은 비행기표나 기차표를 몸에 지니고 새해를 맞이해요. 그러면 여행을 많이 하는 한 해가 된다고 해요. 돈이 필요한 사람들은 12월 31일에 구두 안에 **동전**을 넣고 다음 날 하루 종일 그 구두를 신고 돌아다녀요. 사랑을 찾는 사람들은 12월 31일에 방마다 **파란 레몬을 세 개**씩 놓았다가 1월 1일 오후에 다시 모아요. 성공적이고도 안녕한 한 해를 빌기 위해서는 새해가 되기 30분 전에 **계피 일곱 토막**을 끓이면 된대요. 하지만 집에 있는 창문을 모두 닫아 그 냄새가 집 안에 꽉 차게 해야 해요. 집 안을 **환하게 밝혀서** 어느 구석에도 그늘이 지지 않게 해요. 그러면 나쁜 기운과 거짓말이 사라질 거예요. **물이 가득 찬 양동이**를 두는 것도 좋고요. 왜냐하면 물이 나쁜 것들을 끌어들인다고 믿거든요. 12시가 지나면 모든 액운과 함께 화장실에 물을 쏟아 버려요.

1월 1일 아침, 드디어 편안히 잠을 잘 수 있겠구나 생각했나요? 절대 그렇지 않아요. 잠에서 깨자마자 **신발 한 짝**을 던져야 해요. 바닥이 아래로 향하면 한 해 재수가 좋고, 옆으로 엎어지면 별로, 바닥이 위로 오면 좋지 않은 일이 일어날 거예요. 나쁜 운을 쫓으려면 **렌틸콩으로 만든 음식**을 먹어야 해요. 렌틸콩은 부유함을 상징하거든요. 새해가 되면 스페인 식당의 음식에는 적어도 삶은 렌틸콩이 한 숟가락 들어 있어요. 혹시 모를 나쁜 운에 대비하기 위해서랍니다.

콜럼버스와 토마토

종 토마토는 아주 평범하고 늘 가까이 있다고 생각해요. 하지만 토마토가 아예 없던 때도 있었어요. 스페인 사람들 덕분에 토마토가 유럽에 등장하게 된 것이지요. 감자, 파프리카, 완두콩, 옥수수, 카카오, 커피, 설탕도요.

15세기, 이탈리아인 **크리스토퍼 콜럼버스**는 인도로 가는 새 항로를 찾아내려고 했어요. 스페인의 왕과 여왕을 설득해 자신의 탐험에 돈을 대게 했어요. 하지만 콜럼버스는 인도에 닿은 것이 아니라 당시 유럽에 알려지지 않은 새로운 땅, 후에 아메리카라고 이름 붙인 곳에 닿았어요.

스페인의 도시 부뇰에서는 매년 토마토 축제인 라 토마티나가 열려요. 시내에 높은 기둥 위에 커다란 하몬을 매달아 놓지요. 하몬을 원하는 사람은 기둥을 기어 올라가야 하는데, 기둥에 비누가 칠해져 있어 쉽지 않아요. 만약 누군가가 성공하면, 바로 축제의 시작을 알리는 총소리가 울려 퍼져요. 축제는 한 시간 동안 계속된답니다.

토마토는 바로 여기, 아메리카에서 들어왔어요. 아메리카에 살던 아즈텍 원주민이 먹었는데, 아즈텍 말로 이 빨간 열매를 **토마틀**이라고 불렀어요. 바로 여기서 **토마토**라는 말이 왔지요. 아직까지 누가 처음 토마토를 유럽에 가져왔는지 확실하지는 않지만, 어떤 사람들은 콜럼버스라고 생각해요.

유럽 사람들은 처음에 토마토에 독이 있다고 생각해 토마토를 정원을 장식하는 데 사용했어요. 토마토를 이용한 가장 오래된 조리법은 1692년으로 거슬러 올라가요. 스페인이 아니라, 오늘날의 이탈리아 지역에서 탄생한 '나폴리탄 소스'라고 하는 토마토소스지요.

라 토마티나 축제는 1945년에 처음 시작되었어요. 그해 지역 휴일, 사람들 사이에 실랑이가 벌어졌어요. 그러다 앞에 있던 가게의 토마토 상자에서 토마토를 집어 서로 던지기 시작했어요. 경찰이 나타나 소동은 간신히 마무리되었지요. 다음 해, 또다시 토마토를 던지는 사건이 일어났어요. 그다음 해에도……. 처음에 시 당국은 이 놀이를 반대했지만, 지금 라 토마티나는 부뇰시의 공식 축제가 되었답니다. 라 토마티나에 수천 명의 사람이 참가해요. 이제 무슨 일이 벌어질지 아는 사람들은 하루 전에 건물이 더러워지지 않도록 해 놓아요. 소방서에서 나와 소방차로 사람들에게 물을 뿌리고, 축제가 끝난 뒤에는 물로 거리를 청소한답니다.

스페인 사람들은 토마토를 정말 좋아해요. 차가운 수프인 가스파초를 만들고, 고기 완자 소스를 만들고, 토마토를 갈아 빵에 바르기도 하고(빵에 발라 먹는 데는 특별히 푸른빛이 도는 작은 토마토를 써요.), 샐러드에 넣기도 하고, 안을 채워서 굽기도 하고, 토마토 잼을 만들기도 한답니다!

동화의 나라

스페인 남쪽에는 안달루시아가 있어요. 유럽에서 가장 특별하고도 이색적인 장소, **《아라비안나이트》**에 등장할 것 같은 곳이지요. 안달루시아가 특별한 이유는 8세기에 북아프리카의 모로코에서 이베리아반도로 건너온 무어인 덕분이에요. 무어인은 아름다운 궁전과 거대한 성채, 멋진 모스크와 그림 같은 정원을 남겼답니다.

무어인들이 남긴 건축물 중 걸작은 **알람브라**예요. **그라나다**에 있는 성채로 둘러싸인 궁전이지요. 이 특별한 건물의 벽은 손으로 그린 타일 **아술레호스**(89쪽을 보세요.)와 레이스처럼 섬세하게 조각된 부조, 높은 천장을 받치는 날씬한 기둥으로 이루어져 있어요. 궁전은 정신을 아득하게 하는 향기와 분수에서 떨어지는 물소리로 가득한 정원으로 둘러싸여 있답니다.

안달루시아의 또 다른 중요 도시는 말라가예요. 말라가는 배우 안토니오 반데라스와 유명한 스페인 화가 파블로 피카소(53쪽을 보세요.)가 태어난 곳이에요. 말라가 시내가 내려다보이는 언덕에는 위압적인 벽으로 둘러싸인 무어인의 성 알카자바가 있어요. 더 높은 곳에 있는 히브랄파로와 함께 스페인에서 가장 튼튼한 요새였어요.

안달루시아의 가장 중요한 장소는 영화 **《스타워즈》** 촬영지인 **세비야**예요. 세비야의 스페인 광장은 '**클론의 습격**' 편에서 나부 행성의 수도로 나와요.

세비야는 오렌지 나무로도 유명해요. **기네스북**에도 올랐어요! 세비야에는 3만 5천 그루가 넘는 오렌지 나무가 자라거든요. 봄이면 도시 전체에 어찔할 정도로 오렌지꽃 향기로 가득 차요.

하지만 이 오렌지 열매들은 써서 먹을 수 없어요. 스페인에서는 이 오렌지로 향수와 마멀레이드(오렌지 껍질로 만든 잼이에요.), 달콤한 술을 만들어요. 오렌지꽃의 향기는 기분을 좋게 해서 우울증에 좋다고 알려져 있어요.

세비야를 지나 대서양으로 흘러가는 강의 이름은 과달키비르예요. 무어인은 이 강을 거대한 강이라는 뜻의 **바디 알카비르**라고 불렀어요. 과달키비르강의 길이는 650킬로미터나 되거든요. 예전에는 과달키비르강을 따라 신대륙의 부를 실어 날랐어요.

파리가 앉지 못해요

스페인에는 **타파스**를 내놓는 레스토랑이 많아요. 타파스가 뭐냐고요? 식사 전에 음료와 함께 간단하게 먹는 음식이에요. 또한 타파스는 삶의 방식이기도 해요. 스페인 사람들은 친구를 만나 이 식당에서 저 식당으로 돌아다니며 먹고 이야기하고 웃는 것을 좋아해요. 타파스의 가장 중요한 재료는 즐거움이랍니다.

타파스가 어떻게 생겨났느냐고요? 어떤 이야기에 따르면 20세기 초, 스페인 왕 알폰소 13세가 스페인 남쪽 지역에 갔을 때래요. 여행으로 지친 왕은 잠시 길가 주막에서 쉬며 포도주를 마시려고 했어요. 바람이 세게 불어서 주막집 주인은 왕에게 포도주를 가져다주며 잔에 뭐가 들어가지 않게 잔 위에 햄 조각을 덮었다고 해요. (**타파**라는 말은 덮개라는 뜻이에요.) 알폰소 13세는 조금 이상하게 생각했지만, 이 아이디어가 마음에 들었어요.

그래서 두 번째 잔을 주문하면서
또 먹을 수 있는 덮개를 덮어 달라고
했어요. 왕을 따라 다른 손님들도
모두 그렇게 주문을 했고, 그러다
나라 전체에 이런 풍습이 생겼다는
이야기예요.

바스크 지방에서는 타파스 대신 핀초스를 먹어요. 바게트 조각 위에 치즈 조각, 생선, 소시지, 파프리카 등 여러 음식을 놓고 이쑤시개로 꽂아 놓은 거예요.

다른 이야기에 따르면 타파스가 생긴 이유는 파리와 모기 때문이라고
주장해요. 파리와 모기가 빠지지 않게 잔에 작은 접시를 덮기
시작했다고요. 그러다가 그 작은 접시 위에 빵이나 올리브, 치즈
조각, 돼지 뒷다리로 만든 햄인 하몬 조각 같은 간단한 음식을 놓기
시작한 거래요.

타파스 식당에서는 서서 먹고 마실 때가 많아요. 서 있으면 자리에 앉아 있는 것보다 더 많은 사람과 이야기를 나눌 수 있거든요. 바로 이 점이 가장 중요하지요.

타파스 식당 바닥에 종잇조각이나 이쑤시개, 올리브 씨 같은 것들이 보인다고 해서 이상해할 필요는 없어요. 이건 바로 이 식당에서 맛있는 음식을 내고, 손님이 많다는 뜻이니까요. 청소는 나중에 하면 되지요. 지금은 타파스를 내야 하니까요!

유명한 타파스를 소개합니다

케소 만체고 치즈 - 딱딱한 양젖 치즈
안슈아 - 기름과 양념으로 절인 멸치
초리소 - 파프리카가 들어간 소시지
크로케타스 - 고기나 치즈가 들어간 작은 크로켓
아세이투나스 - 올리브
하몬 세라노 - 마른 햄

1 더하기 1은 2가 아니에요!

**블로 피카소**는 1881년 말라가(46쪽을 보세요.)에서 태어났어요. 20세기의 가장 유명한 화가이자 조각가, 판화가로, 도자기를 제작하기도 했어요.

피카소의 전체 이름은 '파블로 디에고 호세 프란시스코 데파울라 후안 네포무세노 마리아 데로스 레메디오스 시프리아노 데라산티시마 트리니다드 마르티르 파트리시오 클리토 루이스 이 피카소'예요. 농담이 아니에요! 스페인 사람들은 성이 두 개예요. 하나는 어머니 성을, 하나는 아버지 성을 따르죠. '피카소'는 어머니 성인 '마리아 피카소 이 로페즈'에서 따온 것이고, '루이스'는 아버지 성을 딴 거예요. 나머지 부분은 여러 기독교 성인과 친척 이름에서 받은 이름이에요.

피카소는 어릴 때부터 그림 그리기를 좋아했어요. 어린 피카소가 맨 처음 말한 단어는 **라피스**(연필)를 짧게 줄인 말 **피스**였다고 해요. 이 아이의 재능은 금방 알려졌어요. 피카소는 열네 살 때 바르셀로나에 있는 왕립 카탈루냐 예술 학교에 입학했어요.

피카소는 실험을 계속해 나가면서 끊임없이 새로운 해결책을 찾아 스타일을 바꾸어 나갔지요. 처음에는 주로 푸른색으로 그림을 그려 피카소의 초기 작품들을 **청색 시대**에 속한다고 해요. 이때 피카소 작품들을 보면 슬픔에 가득 차 있어요. 그 뒤에는 **장밋빛 시대**로, 따뜻한 색깔로 그린 편안한 작품들이 이어져요.

1907년 피카소는 자신의 작품 가운데 가장 유명한 작품인 '**아비뇽의 처녀들**'을 그렸어요. 이 그림은 아주 이상해 보이는 아가씨들의 모습을 담고 있는데, 하나같이 비뚤어진 데다 뾰족뾰족하게 그려져 있어요. 정말 놀라운 일이었지요. 그전에는 아무도 이런 식으로 그림을 그리지 않았으니까요. '**아비뇽의 처녀들**'을 시작으로 미술의 새로운 흐름인 **입체주의** 작품들이 그려졌어요. 이런 그림에서 사람과 사물은 원뿔이나 직육면체, 구와 같은 기하학적인 형상들을 아무렇게나 갖다 맞춘 것 같은 느낌을 주어요.

곧 피카소는 **초현실주의** 그림, 그러니까 작가가 꿈에서 보거나 제멋대로 상상해 낸 장면들을 그리기 시작했어요. 이 그림들은 가끔 아주 이상해 보였지요.(112쪽을 보세요.)

피카소는 **콜라주**도 했어요. 콜라주가 뭘까요? 신문이나 종잇조각, 벽지나 실 같은 재료로 만든 구성 작품이에요. 피카소의 가장 유명한 콜라주 작품은 **'등나무 의자가 있는 정물'** 이랍니다.

이상하다고요? 뭐, 그렇지요. 피카소는 이렇게 말했어요. 예술에서 1+1은 2만 빼고 무엇이든지 될 수 있다는 걸 이해하지 못한다면, 예술을 이해하지 못할 거라고요.

유럽의 끝

 스페인 남부에서 영국은 아주 가까워요. 정말 그러냐고요? 네, 정말이에요! 이베리아반도 남쪽 끝에 있는 **지브롤터**는 영국 땅이거든요.

스페인에서 지브롤터로 가려면 국경을 건너고 **활주로**를 지나야 해요. 이 활주로는 도로와 교차하게 만들어졌어요. 비행기가 착륙하거나 이륙하면 차단기가 내려와요. 자동차와 사람은 비행기가 완전히 이륙하거나 착륙할 때까지 안전하게 기다렸다가 차단기가 올라가면 그제야 다시 길을 가지요.

지브롤터는 아주 작은 지역이에요. 면적은 6.5제곱킬로미터밖에 되지 않아요. 지브롤터는 대부분 바위산으로 되어 있어요. 바로 이곳에 유럽에서 유일하게 야생 **원숭이**가 살아요. 원숭이들이 어디서 왔는지 알 수 없지만, 수백 년 전부터 여기 살고 있어요.

이 원숭이들은 아주 장난이 심하니까 조심해야 해요. 사람들에게 달려들어 들고 있는 샌드위치나 사진기, 가방을 낚아채 가기도 하니까요. 전설에 따르면, 이 원숭이들이 여기에서 모두 사라지면 지브롤터는 더 이상 영국에 속하지 않을 거라고 해요. 아마도 그래서 영국 정부가 이 원숭이들을 신경 써서 돌보는 것일지도 몰라요.

지브롤터 해협(지브롤터와 아프리카 대륙 사이의 좁은 바다지요.) 건너에도 높은 산이 있어요. 고대에는 지브롤터의 바위산과 그 반대편 아프리카의 바위산을 **헤라클레스의 기둥**이라고 불렀어요. 헤라클레스는 그리스 신화에 나오는 힘이 아주 세고 용감한 영웅이에요. 그리스인들은 헤라클레스가 산으로 막혀 있던 곳을 부수고 해협을 만들어 지중해와 대서양을 연결한 뒤 이것을 기념하기 위해 여기에 기둥을 세웠다고 생각했어요.

세비야의 바람둥이

돈 후안이라는 이름을 들어 봤나요? 종종 바람둥이를 이렇게 부르기도 해요. 바람둥이는 그냥 재미로 여자에게 말을 걸고, 수작을 부리고, 매력으로 굴복시키고는 나중에는 여자를 버리는 사람을 말해요.

돈 후안은 스페인의 옛 민요에 등장하는 전설적인 인물이에요. **돈 후안 테노리오.** 네, 이게 이 사람 진짜 이름이에요. 15세기에 세비야(46쪽을 보세요.)에 살던 아주 매력적이고 잘생긴 젊은 귀족이었어요. 이야기에 따르면 한번은 친구와 둘 중 누가 일 년 동안 여자를 더 많이 유혹하는지 내기를 했다고 해요. 물론 돈 후안이 이겼지요. 하지만 거기서 멈추지 않고 다음에 수녀를 유혹하려고 했어요. 하지만 그건 별로 좋은 생각이 아니었어요. 화가 난 신이 돈 후안을 번개를 내리쳐 죽이고는 바로 지옥에 떨어뜨렸으니까요.

돈 후안 이야기는 많은 예술가에게 영감을 주었으며, 돈 후안은 여러 희곡과 시, 영화, 오페라와 발레의 주인공이 되었답니다. 많은 예술가가 이 이야기를 만지면서 원래와 다른 방향의 이야기도 나왔어요. 이 무정한 유혹자가 낭만적인 젊은이로 탈바꿈해 사랑하는 이를 얻고 평생 동안 행복하게 사는 작품까지 등장했지요. 세비야에 가면 돈 후안 동상을 볼 수 있어요.

손뼉을 치고 발을 굴러요

스페인에서는 어디서나 음악이 들려와요. 술집에서는 주인이 노래를 부르고, 가판대 뒤에서는 신문을 파는 사람이 곡조를 흥얼거리고, 학교에서는 쉬는 시간에 스피커에서 음악이 흘러나오고, 명절에는 각 지역의 흥겨운 춤과 노래가 빠지지 않아요.

가장 잘 알려진 스페인 춤은 뜨거운 안달루시아(45쪽을 보세요.) 집시의 춤인 **플라멩코**예요. 플라멩코는 단순히 춤만 가리키는 말이 아니에요. 음악과 노래, 춤과 의상을 포함한 문화를 뜻해요. 역동적이고 다채롭고 생명력이 넘쳐요. 플라멩코는 바로

심장에서 나온 춤이니까요. 스페인의 시인 페데리코 가르시아 로르카는 "플라멩코는 세상의 모든 우물보다도, 세상을 둘러싼 모든 바다보다도 깊다. 플라멩코에는 끝이 없다. 플라멩코는 첫 번째 흐느낌과 첫 번째 키스와 함께 온다."고 말했어요.

주름이 달린 긴 치마를 입은 여성 한 명과 흰 셔츠에 검은 조끼, 검은 바지를 입은 남성 두 명이 무대에 오른 광경을 상상해 보세요. 여자는 구두 굽을 힘차게 구르며 춤을 추어요. 손에는 부채를 들고, 등에는 숄을 휘날리고, 틀어 올린 머리에는 장미를 꽂았어요. 남자 한 명은 기타를 치고, 한 명은 노래를 해요. 여자는 노래에 춤으로 답해요. 가끔은 역할이 바뀌기도 해요.

플라멩코에서 가장 중요한 요소는 박자예요. 춤추는 사람은 발뒤꿈치를 구르며 박자를 맞춰요. 노래하는 사람은 손뼉을 치고 손마디를 꺾고 손바닥으로 기타의 몸체를 두드리고 캐스터네츠를 쳐요. 그러면서 큰 소리로 **"올레!"** 라고 소리를 질러요. 바로 이것이 플라멩코랍니다.

플라멩코에 관한 영화도 많이 만들어졌어요. 그 가운데에서도 스페인 영화감독인 카를로스 사우라가 찍은 영화들이 유명해요. 카르멘(69쪽을 보세요.) 이야기를 다룬 영화에는 세계적인 플라멩코 기타 연주자인 파코 데루시아가 출연한답니다.

전 세계가 노래하는 여자

랑스 작곡가 조르주 비제의 오페라 '**카르멘**'을 본 적 있나요? 카르멘은 세계에서 가장 유명한 이야기에 등장하는 여성이에요.

카르멘은 세비야(46쪽을 보세요.)에 살면서 왕궁의 담배 공장에서 일했어요. 아름답고 대담했지만, 마음씨가 곱지는 않았지요. 어느 날, 기병 돈 호세의 눈에 카르멘이 들어와요. 카르멘이 돈 호세에게 꽃을 선물하자, 돈 호세는 카르멘과 사랑에 빠져요. 하지만 카르멘은 곧 돈 호세에게 흥미를 잃고 유명한 투우사(72쪽을 보세요.)에게 가요. 이야기의 결말은 행복하지 않아요. 결말이 궁금하다고요? 오페라를 직접 보세요!

'**카르멘**'은 1875년에 처음 무대에 올랐어요. 처음에는 관객의 반응이 차가웠어요. 작곡가 비제가 죽고 몇 년 뒤에야 이 작품은 세계적으로 인정을 받을 수 있었지요.

1막에서 카르멘은 유명한 아리아 '하바네라'를 불러요. 오페라 가운데에서 가장 유명한 곡이지요. 아마 여러분도 들어 본 적 있을 거예요. '사랑은 집시의 자식'이라는 합창으로 노래가 시작되지요.

마지막 장면은 투우(72쪽을 보세요.)가 벌어지는 경기장 앞에서 펼쳐집니다.

언젠가 세비야에 가게 되면, 강 옆에 서 있는 카르멘 동상을 꼭 보러 가세요. 옛 담배 공장은 군대의 요새처럼 보여요. 세 면이 해자(성 주위를 둘러 판 못이에요.)로 둘러싸여 있고, 다리 하나만 안쪽과 연결되어 있거든요.
오페라의 배경이 된 시대에는 담배가 아주 비쌌기 때문이에요. 지금 이 담배 공장 건물에는 대학이 있어요.

세비야는 또 다른 유명한 오페라인 조아키노 로시니의 **'세비야의 이발사'** 배경이기도 해요. 이 오페라는 알마비바 백작과 아름다운 로시나가 사랑에 빠져 결혼하려고 해요. 그런데 로시나의 엄격한 후견인인 의사 바르톨로가 자신이 로시나와 결혼하고 싶어 둘 사이를 방해하는 내용이에요. 다행히 이 코믹 오페라는 행복하게 끝납니다.

황소에게 붉은 천을 흔들어요

'난 황소에게 붉은 천'이라는 표현을 들어 본 적 있나요? 황소가 붉은 천을 보면 더 화가 난대요. 이런 표현은 어디에서 왔을까요?

스페인에서 가장 유명한 구경거리 가운데 하나는 **투우**(스페인어로 코리다 데 토로스라고 해요.)예요. 고대에서 시작된 이 경기는 아랍인들과 카르타고인, 로마인들이 이베리아반도로 들여왔어요. 투우는 관중석이 둥글게 자리하고, 가운데 모래가 깔린 **투우장** (스페인어로 플라사 데 토로스라고 해요.)에서 펼쳐져요. 참가자들이 엄숙하게 행진해서 들어오면 신호와 함께 첫 번째 황소가 들어와요. 이 황소와 싸우는 사람을 **투우사**(스페인어로 토레로예요.)라고 불러요. 금속 장식이 달린 색색의 화려한 옷을 입지요. 투우사는 황소의 눈앞에 붉은 천을 흔들며 황소를 자극하고 날렵하게 황소의 공격을 피해요. 어떤 사람들은 붉은빛이 황소를

더 화나게 한다고 하지만, 사실이 아니에요. 황소는 색을 구별하지 못하거든요. 그저 움직임에 반응하는 거예요.

결국 군중의 환성 속에 황소는 긴 칼에 찔려 죽어요.

투우에 이용되는 황소는 **토로 브라보**라는 특별한 싸움 소예요. 머리 앞쪽에 구부러진 커다란 뿔이 달린 이 황소는 덩치가 큰 데다 힘도 아주 세고, 성격이 불같아요. 다섯 살이 넘어 몸무게가 반 톤 정도 되면 투우장으로 나와요.

황소는 스페인의 상징 가운데 하나예요. 스페인에는 황소가 그려진 스티커를 붙이고 다니는 차도 많고, 도로 옆에 황소 모양의 거대한 광고판이 서 있기도 해요. 이 광고판은 몇십 년 전에 도로에서 셰리나 브랜디 같은 술을 광고하던 것들이에요. 그러다 국회에서 자동차 도로에서 술 광고를 금지하자 술 회사들이 광고판에 술 이름과 문구를 빼고 소 모양만 남겨둔 것이랍니다.

전통적으로 정말 용감하게 싸우는 황소는 살려 두었어요.
하지만 그런 경우는 아주 드물어요.

투우를 반대하는 사람도 아주 많지만, 투우를 지키려는 사람 또한
많아요. 투우 찬성론자들은 투우가 춤과 음악, 아름다운 의상과
격렬한 감정을 모두 가지고 있다고 칭송해요. 대표적으로 투우를
열렬히 좋아한 사람으로 미국 작가 어니스트 헤밍웨이가 있어요.
헤밍웨이는 《오후의 죽음》이라는 작품에서 투우에 대해 썼어요.
투우를 반대하는 사람들은 투우가 황소를 죽이는 데 초점을
맞춘 잔인한 오락이라고 주장해요. 점점 더 많은 사람이 이 의견에
동의하고 있어요. 카탈루냐 같은 몇몇 지역에서는 투우를 완전히
금지하기도 했어요.

돼지 뒷다리

이 탈리아식 햄인 프로슈토에 대해 들어 본 적 있나요? 스페인에도 비슷한 햄이 있어요. 산의 햄이라는 뜻을 가진 **하몬 세라노**예요.

수백 년 전부터 지금까지 같은 방법으로 하몬 세라노를 만들어요. 먼저 돼지 뒷다리에 소금을 고루 바른 뒤 잘 씻어서 말려요. 말리는 데 6개월에서 9개월이 걸려요. 그러고도 기다려야 해요. 왜냐하면 하몬이 제대로 숙성하려면 1년 반이나 걸리거든요.

스페인 식당에 가면 이렇게 말린 돼지 뒷다리를 볼 수 있어요. 천장에 걸려 있거나, 전용 받침대인 **하모네로스**에 놓여 있어요.

하몬 세라노를 내는 방식은 정해져 있어요. 아주 얇게 썰어서 먹어야 해요. 스페인에서는 햄을 써는 일을 직업으로 하는 기술자를 **코르타도르**라고 해요. 스페인에서는 코르타도르 경연 대회가 열리기도 해요.

스페인은 자기 나라 햄을 아주 자랑스럽게 여겨서 스페인의 모든 유적지를 돌아보았다고 해도 하몬을 먹어 보지 않은 사람은 스페인을 이해하지 못한다고 생각해요. 또한 하몬 세라노는 명절에도 생일에도 어느 때나 주고받는 선물이기도 해요. 생일 선물로 말린 돼지 뒷다리 어때요? 스페인에서는 아주 일상적인 일이랍니다.

알프스 고산 지대에 있는 트레벨레스의 오래된 마을은 마법 주문으로 유명해요. 이 마을의 하몬은 이 마법 주문 덕분에 맛있는 향을 갖게 된 거예요.

하몬의 종류는 여러 가지예요.
이 가운데에서 하몬 이베리코를
최고로 쳐요. 하몬 이베리코는
스페인 남부 산악 지대에 살면서
도토리를 먹고 자라는 이베리아
흑돼지로 만들어요.

마카로니 웨스턴

서부 영화와 마카로니는 무슨 관계가 있을까요? 또 스페인과는요? 알고 보면 관계가 상당히 많아요. 이베리아반도의 남쪽, 햇빛이 찬란한 안달루시아에 가면 미국 서부에서나 볼 수 있는 사막이 있어요. 붉은 바위, 말라붙은 강, 바싹 마른 초원, 선인장, 수평선까지 뻗은 모래밭. 바로 이 사막에서 이탈리아 감독 **세르조 레오네**가 서부 영화를 찍었어요.

1960년대 스페인의 사막에 인디언 마을과 카우보이 도시가
만들어졌어요. 이곳은 곧 달리는 말들의 뿌연 먼지와 권총 소리로
가득 차게 되었지요.

카우보이가 등장하는 미국 영화의 모방품을 달가워하지 않던 미국
영화 평론가들은 비꼬는 뜻으로 이런 영화를 **마카로니 웨스턴**이라
불렀어요. 하지만 오늘날 이런 영화들 가운데 몇 작품은 걸작으로
꼽혀요. 세르조 레오네 감독은 미국 영화에 나오는 것과는 전혀 다른
서부를 영화 속에서 보여 주었지요. 더 어둡고 복잡한, 선과 악의
경계가 불분명한 세계를 그렸어요.

이제 스페인의 사막에서는 더 이상 서부 영화를 찍지 않지만,
당시 영화 촬영 때 사용한 건물과 장식은 관광객을 위해 남아
있어요. 혹시 언젠가 안달루시아 지방에 가게 되면 타베르나스에
들러 카우보이식 점심 식사도 즐기고 옛 영화 촬영 기구들이
놓여 있는 박물관도 가 보세요.

미국의 유명한 배우이자 영화감독인 클린트 이스트우드가 경력을 쌓기 시작한 곳도 바로 스페인 사막이에요. 영화 음악 작곡가로 유명한 엔니오 모리코네 역시 마카로니 웨스턴 영화로 시작했답니다. 안달루시아의 사막에서 영화 **《인디아나 존스》 '최후의 성전'**을 찍기도 했어요.

모스크 안의 교회

모스크 안에 교회가 있다고요? 어떻게 그런 일이 있을 수 있지요? 모스크는 이슬람교도들이, 교회는 기독교도들이 기도하는 곳이잖아요.

8세기 초 이베리아반도로 아프리카에서 무어인(6쪽을 보세요.)이 들어와 스페인 영토의 대부분을 점령했어요. 무어인은 이베리아반도를 알안달루스라고 불렀고, 그들의 첫 번째 수도는 **코르도바**였어요. 파리와 런던에 사는 사람들이 나무집에 살며 배고픔과 질병에 시달리던 시절, 코르도바에는 전 세계에서 가장 큰 대학과 70개의 도서관, 300개의 공공 목욕탕과 수돗물이 공급되는 벽돌집들이 있었어요. 10세기 코르도바는 전 세계의 큰 도시들 가운데 하나였지요.

이슬람교를 믿는 무어인은 자신들의 영토에 모스크를 세웠어요.
가장 큰 모스크는 8세기 말에 지어지기 시작했어요. 에미르 압드
아르-라만 1세는 기독교도들에게 코르도바의 교회를 사서 그
자리에 모스크(스페인 사람들은 이 건물을 그냥 모스크라는 뜻의
메스키타라고 불러요.)를 세웠어요. 그 후 200년 동안 코르도바의
지배자들은 메스키타를 점점 더 확장해 그 크기가 축구장 네 개만큼
커졌어요.

그러다가 기독교도가 이베리아반도의 영토를 조금씩 되찾았고 13세
기에 코르도바에까지 이르렀지요. 기독교도는 메스키타를 점령한 뒤
건물을 기독교식으로 바꾸기 시작했어요. 1,300개나 되는 기둥 중
수백 개를 부수고, 오렌지 정원으로 가는 입구를 막고, 벽 앞에
기도실을 설치했어요. 결국 1523년에는 이 건물에 대성당이
들어서게 되었어요. 모스크 안에 말이에요. 스페인 왕 카를로스
5세가 "세상에 다시 없을 것을 파괴하고,
어디서나 볼 수 있는 것을 만들었군."
이라고 말했다고 해요.

이슬람교도에게 모스크는 성전일 뿐만 아니라 모임과 회의 장소이고, 가끔은 재판정 역할을 하기도 해요. 모스크 건축은 정사각형의 정전을 아치 기둥으로 에워싸고, 그 옆에 기도실을 붙인 형태예요.

모스크에는 이슬람교에서 가장 신성한 장소인 메카를 향하고 있는 화려하게 장식된 벽 미흐라브와 설교하는 단인 민바르가 있어요. 늘씬하게 하늘로 뻗은 첨탑인 미나레트에서는 하루에 다섯 번씩 기도하라는 무에진의 노랫소리가 울려 퍼져요.

무늬로 가득한 벽

러분들은 타일을 생각하면 보통 욕실 아니면 부엌이 떠오르지요? 그런데 스페인이나 포르투갈에는 어디에나 타일이 있어요, 바닥에도, 벽에도, 건물의 담에도, 공원의 긴 의자와 분수에도 있고, 거리의 번지수도 타일에 쓰여 있고, 베란다의 바닥에도, 진열장에도 타일이 있어요.

주로 흰색과 푸른색 무늬가 가득한 이 타일을 **아술레호스**라고 불러요. 이베리아반도에는 수백 년 전, 아프리카에서 전해졌어요.

아술레호스는 15, 16세기에 안달루시아 지역에서 가장 많이 생산되었어요. 처음에는 기하학적 무늬를, 나중에는 나뭇가지와 꽃, 동물 무늬를 많이 그렸어요. 그러다가 일상의 한 장면도 등장하고, 대항해 시대에는 배와 선원들의 모습도 그렸지요.

이런 타일을 왜 **아술레호스**라고 부를까요? 사실 그 이유는 정확히 알 수 없어요. 어떤 사람들은 **아술레호**라는 말이 작고 반들반들한 돌을 가리키는 아랍어 **아셀리**에서 왔다고 하고, 어떤 사람들은 스페인어와 포르투갈어에서 푸른색을 가리키는 **아술**에서 왔다고 해요.

옛날에는 타일 무늬를 손으로 그렸어요. 푸른빛 염료는 대체로 코발트에서 얻었지요. **아술레호스**에는 여러 종류의 푸른빛 외에 다른 색도 있어요. 초록색은 청동에서 얻었고, 갈색과 검은색은 망간, 노란색은 철에서 뽑아냈어요.

이베리아의 타일은 지금도 여전히 전 세계 디자이너들에게 영감을 준답니다. 흰색과 푸른색의 타일 무늬는 옷과 침구, 보석과 가구에서도 볼 수 있어요.

더울 때는 가스파초

 스파초는 채소로 만든 스페인의 차가운 수프예요. 이 수프는 어디서 유래했을까요? 여러 가지 이야기가 있어요.

어떤 사람들은 차가운 수프가 이미 고대부터 있었다고 해요. 스페인 남부 지역에 주둔한 로마 하드리아누스 황제의 병사들을 위한 식사에 있었다는 거예요. 더울 때 시원하고, 비타민 시(C)도 공급해 이가 빠지는 괴혈병을 막을 수 있었어요.

포도밭과 올리브밭에서 일하던 안달루시아의 시골 사람들도 차가운 수프를 먹었다고 해요. 물에 적신 빵에 채소와 올리브유, 마늘과 소금을 넣고 한꺼번에 섞어 먹거나 절구에 갈아 먹었어요.

아메리카 대륙이 발견된 뒤 스페인에 토마토(40쪽을 보세요.)가 등장했어요. 차가운 수프는 빨갛게 변했고, 지금의 가스파초가 만들어지게 되었어요.
가스파초는 정말 맛있어요.
161쪽에 조리법이 나와 있어요.

가스파초를 만들 때 중요한 재료는 올리브유예요. 세계에서 올리브유를 가장 많이 생산하는 나라가 스페인이랍니다.
스페인에는 무려 230여 종의 올리브 나무가 자라요! 가장 유명한 올리브 산지는 스페인 남부의 하엔이에요. 이곳에는 6천만 그루가 넘는 올리브 나무가 자라고 있어요. 가장 나이가 많은 나무는 국보처럼 소중히 다뤄져요.

춤추는 말들

말이 춤을 춘다고요? 그럴 수도 있죠! 모든 것이 춤추는 스페인에서라면 말이에요. 헤레즈데라프론테라에 있는 왕립 안달루시아 마장 마술 학교가 바로 **춤추는 안달루시아 말** 공연으로 유명하답니다. 두 시간 동안 공연을 하는데, 정말 멋져요. 상상해 보세요. 황금색 모래와 음악, 멋진 옷을 입은 기수들, 그리고 춤추는 순종의 말들…….

안달루시아 말은 세계에 내로라하는 아름다운 말이에요. 그 역사는 16세기로 거슬러 올라가요. 스페인 왕 펠리페 2세는 스페인 순종 혈통의 말을 기르려고 코르도바에 왕립 마구간을 만들었어요. 스페인 순종 말은 모양이 잘 잡힌 작은 머리와 우아하게 곡선을 이루는 목, 둥그런 엉덩이, 숱이 많은 꼬리, 풍성한 갈기를 갖고 있어야 했어요. 왕의 계획은 성공했어요.

오늘날 이 말들 가운데 가장 아름다운 말을 헤레즈의 마장 마술 학교로 보내요. 마장 마술 학교에는 최신식 동물 병원과 마구간 다섯 개, 운동장 두 개를 갖추고 있어요. 100명도 넘는 사람들이 하루에 세 번 교대하며 말들을 보살펴요. 마구간에는 잔잔한 음악이 흘러나오지요. 말은 두세 살이 되면 이 학교로 와서 오랫동안 경력을 쌓아요. 어떤 말은 스무 살이 넘어서야 공연에서 은퇴해요.

사람들도 헤레즈의 마장 마술 학교에서 공부를 해요. 승마를 배우면서 마구간을 청소하고, 말에게 먹이를 주고, 아픈 말을

보살펴야 해요. 말을 사랑하는 이들에게 이 학교는 꿈의 학교이지만, 매년 가장 뛰어난 네 명의 학생만 뽑기 때문에 들어가기가 쉽지 않아요. 외국인이 이 학교에 들어갈 수 있게 된 것도 얼마 되지 않았답니다.

헤레즈데라프론테라는
푸에르토데산타마리아,
산루카르데바라메다와 함께
삼각형 모양의 땅을 이루는데,
이곳은 아주 유명한 포도주
산지예요.
헤레즈데라프론테라에서는
헤레즈 포도주가 생산되는데,
16세기 유럽에서 이 포도주를
세계 최고라고 했어요.

푸에르토데산타마리아와
산루카르데바라메다에는
춤추는 말은 없지만, 이 두 도시는
지리상의 발견에서 중요한
장소랍니다.
푸에르토데산타마리아는 바로
콜럼버스의 배가 만들어진 장소이고,
산루카르데바라메다는 마젤란이
세계 일주를 시작한 곳이에요.

일요일의 파에야

파에야는 스페인에서 가장 유명하면서 맛있는 요리예요. 발렌시아 지방에서 **파에야**가 처음 등장했어요. 파에야는 카탈루냐어로 커다랗고 바닥이 깊은 두 개의 손잡이가 달린 프라이팬을 말해요. 전통적인 파에야 조리법을 알아볼까요? 프라이팬에 닭고기와 토끼 고기, 껍질 콩과 토마토, 흰 콩, 달팽이를 달달 볶아요. 그런 뒤 소금과 사프란, 로즈마리로 간을 하고 쌀을 넣고 물을 부은 뒤 다 같이 부글부글 끓여요. 그리고 프라이팬째 식탁에 올려놓은 뒤 모두들 숟가락을 들고 함께 먹는 것이랍니다.

스페인의 거의 모든 식당에서 파에야를 팔아요. 어떤 식당에서는 일요일만 만들기도 하지만요. 전통적인 조리법 말고도 해물을 넣거나 채소만 넣은 파에야도 있답니다.

2001년에 스페인 사람들은 **기네스북**에 오를 파에야를 만들었어요. 지름 21미터에 무게 23톤인 프라이팬에 사람 열 명이 들어가 거대한 삽으로 내용물을 휘저었지요. 이 파에야를 만드는 데 네 시간이나 걸렸답니다.

이 파에야에는 재료만 물이 만 3천 리터, 쌀 6천 킬로그램, 고기만 2천 킬로그램, 채소 5천 킬로그램, 소금 275킬로그램과 사프란 1킬로그램이 들어갔어요.

파에야의 쌀을 노랗게 물들이는 사프란은 세상에서 가장 비싼 향신료예요. 스페인에 이 향신료를 전래한 것은 무어인(6쪽을 보세요.)이었어요. 사프란은 크로커스와 비슷하게 생긴 꽃에서 얻는데, 1킬로그램의 사프란을 얻으려면 꽃 수십만 송이가 필요해요. 꽃에서 수술만 추출한 것이니까요. 사프란 중에서도 라만차(132쪽을 보세요.) 지방의 사프란이 가장 품질이 좋다고 알려져 있어요.

바르셀로나의 거리

스페인에서 가장 인기 있는 도시는 어디일까요? 바로 카탈루냐의 수도 **바르셀로나**예요. 바르셀로나는 모든 것을 갖춘 도시랍니다. 지중해의 아름다운 해변, 유적, 맛있는 음식……. 이 가운데에서도 바르셀로나의 특별한 매력은 호화로운 호텔과 레스토랑으로 둘러싸인 **라람블라** (산책로라는 뜻이에요.)에서 찾을 수 있어요.

이 거리는 원래 강줄기가 말라붙은 곳이었어요. 공식 이름은 카탈루냐어로 **레스람블레스**, 스페인어로 **라스람블라스**, 즉 '산책로들'이라는 뜻이지요. 서로 다른 이름을 가진 작은 거리들이 합쳐서 이루어진 거리이기 때문이에요.

4월 23일에는 바르셀로나와 카탈루냐 전역에서 세 개의 축제가 동시에 치뤄집니다. 카탈루냐의 수호 성인 산 조르디의 날과 세계 책의 날, 사랑하는 사람들의 날이지요. 이날 남자들은 여자들에게 장미를 선물하고 (장미는 산 조르디가 무찌른 용의 피를 상징해요), 여자들은 그에 대한 답으로 책을 선물한답니다.

여행자도, 현지인도 이 거리를 사랑해요. 이 거리에는 카페와 꽃집, 기념품 가게가 가득해요. 거리의 배우와 악사, 춤추는 사람도 많고요. 어떤 사람은 살바도르 달리(112쪽을 보세요.)의 그림 속 한 장면을 연기하고, 다른 사람은 돈키호테(132쪽을 보세요.)로 변장해서 여행자들과 사진을 찍어요. 언제나 떠들썩하고 즐겁답니다.

라람블라 거리 근처에 19세기에 세워진 스페인에서 가장 큰 시장 **라부케리아**가 있어요. 이 시장에는 이국적인 향신료 냄새와 진열대에 빽빽이 쌓인 알록달록한 상품들로 가득해요. 각종 단것과 신선한 과일, 채소, 고기, 해산물을 살 수 있어서 근처 식당에서는 라부케리아에서 재료를 다 구입해요.

라람블라 거리에서 왼쪽으로 꺾으면, 구불구불한 거리들이 잔뜩 얽혀 있는 바리오 고티코가 나와요. 이 지역은 바르셀로나에서 가장 오래된 곳으로, 중세부터 그 모습이 거의 변하지 않았어요. 심지어 로마 시대의 유적도 있답니다.

라람블라 거리 끝, 옛 항구에서 멀지 않은 둥근 광장에 이 도시에서 가장 큰 동상이 서 있어요. 이 동상은 바로 콜럼버스예요. 바르셀로나에서 카스티야의 이사벨 여왕과 아라곤의 페르디난트 왕이 대항해를 마치고 돌아온 콜럼버스를 환영했어요. 입장료를 내면 콜럼버스 동상 안에 설치된 승강기를 타고 시내를 내려다볼 수 있는 꼭대기까지 올라갈 수 있어요.

옛 항구에 가면 놀랍게도 상어, 가오리, 문어를 볼 수 있어요. 유럽에서 손꼽히는 대형 수족관이 있거든요. 600만 리터의 물과 20개의 수조, 수만 마리의 물고기와 해양 생물이 있어요. 가장 유명한 볼거리는 80미터짜리 투명한 해저 터널로, 무빙워크를 타고 지나가면서 감상할 수 있답니다.

굽이치는 벽들

바르셀로나의 어떤 건물들은 아주 이상하게 생겼어요. 둥글둥글하면서 비뚤비뚤하기도 하고, 색색의 유리로 덮여 있기도 하고, 구불구불한 발코니에 거대한 버섯 모양 굴뚝이 달려 있기도 해요. 용의 등 같은 지붕을 얹은 뼈로 만든 것 같은 집도 있고, 배 모양에 해초 같은 난간이 달린 집도 있어요. 바로 **카사 바트요**와 **카사 밀라**예요. 19세기에서 20세기로 넘어갈 무렵에 살았던 카탈루냐 건축가 안토니오 가우디의 작품이에요.

가우디는 자연에서 영감을 받았어요. 나무와 나뭇잎, 뼈 같은 모양에서요. 가우디가 만든 건물들은 바르셀로나에 독특한 성격을 부여해서 이 도시를 더욱 매력 있게 만들었어요. 하지만 늘 그랬던 건 아니었어요. 한때 이 건물들을 싫어하는 사람도 많았고, 가우디를 미친 사람으로 여기기도 했어요.

카탈루냐의 수도 바르셀로나에 가면 이런 굽이치는 집들 외에도 가우디가 만든 궁전과 수도원, 긴 의자와 등대도 볼 수 있어요. 바르셀로나의 **구엘 공원**에는 가우디가 설계한 세계에서 가장 긴 의자가 있지요. 도마뱀처럼 생겼는데 뱀처럼 길고 구불구불해요. 의자는 **아술레호스** 조각으로 만든 알록달록한 모자이크로 장식되어 있어요.

이 카탈루냐 건축가의 가장 위대한 작품은 **사그라다 파밀리아, 성가족 성당**이에요. 가우디는 인생 마지막 시기를 이 성당을 짓는 데 온전히 바치고(공사장에서 살기도 했어요!) 자기가 모은 돈을 모두 이 성당에 쏟아부었어요.

신기한 것은 이 성당을 100년도 넘게 지었는데, 여전히 짓고 있다는 거예요!

가우디는 중세 스페인의 이슬람 예술과 기독교 예술의 혼합 양식인 무데하르 양식의 영향을 받았어요. 무데하르 양식은 화려한 장식이 특징인데, 이슬람교 교리에 따라 사람과 동물의 직접적인 형상을 나타내지 않아요.

불타는 기린

피게레스에는 이상하게 생긴 빨간 건물이 서 있어요. 건물 지붕에는 거대한 알과 황금색 동상이 늘어서 있고, 벽에는 석고로 만든 카탈루냐 빵이 수백 개 붙어 있어요. 이 건물은 바로 화가이자 판화가, 조각가인 카탈루냐의 유명한 예술가 살바도르 달리 미술관이에요. 건물 안에 전시된 작품들은 건물 밖에 장식된 알과 빵보다 더욱 특이해요. 정원에는 스프링클러가 달린 검은색 캐딜락 **'비 오는 택시'**가 전시되어 있어요. 동전을 넣으면 차 안에 앉아 있는 마네킹 위로 비가 쏟아져요.

달리는 초현실주의 화가였어요. 꿈을 그렸지요. (55쪽을 보세요.) 유명한 작품 가운데 하나인 **'기억의 지속'**에서는 나뭇가지에서 팬케이크처럼 녹아내리는 둥근 시계를 볼 수 있어요. 또 다른 유명한 작품의 제목은 **'불타는 기린'**이지만 작품의 진짜

주인공은 마치 해골 같은 여자로, 몸에서 서랍이 나와요.

달리를 미쳤거나 이상한 사람으로 여겼던 것은 전혀 놀랍지 않아요. 세상에 존재하지 않는 것들을 그렸을 뿐만 아니라 행동도, 차림새도 특이했거든요. 말려 올라간 개성 있는 콧수염(콧수염만 찍은 사진도 있어요!)은 세상에서 가장 유명한 수염일 거예요.

달리는 피게레스에서 약 40킬로미터 정도 떨어진 **푸볼**에 있는 중세 시대의 성을 사서 부인에게 선물했어요. 성의 입구에서는 박제된 말이 손님을 맞아요. 정원에는 기린의 다리를 한 거대한 시멘트 코끼리가 서 있어요.

달리 부인의 이름은 갈라예요. 달리의 그림에 갈라가 종종 등장해요. 어떤 그림에서는 어깨에 커틀릿을 얹고 있고, 어떤 그림에서는 성모 마리아로 나와요. 갈라는 남편이 성공할 수 있도록 잘 보살피면서 게으름을 피우지 못하게 했을 뿐 아니라, 달리의 작품을 보고 처음으로 비평하는 사람이었어요.

갈라가 없었다면 달리는 이렇게 유명해질 수 없었을 거예요. 달리는 "갈라는 내 안에서 미치광이가 아니라 천재를 보았죠."라고 말했어요.

피게레스에는 재미있는 장소가 또 있어요. 바로 장난감 박물관이지요. 이 박물관에는 4만 개가 넘는 장난감이 있어요. 이 가운데에는 살바도르 달리가 어린 시절 가장 좋아했던 곰 인형도 있고, 달리의 친한 친구였던 시인 페데리코 가르시아 로르카가 그 곰에게 쓴 편지도 전시되어 있답니다.

바르셀로나의 축구 선수들

왜 거리에 아무도 없나요? 시끄럽고 웃음이 많은 스페인 사람들은 모두 어디 간 거죠? 궁금하면 가장 처음 보이는 괜찮은 술집을 들여다보세요. 사람이 가득 차 바늘 하나 들어갈 틈도 없다고요? 네, 바로 그거예요. **엘 파르티도**, 축구 경기가 시작된 거예요! 친구와 가족, 아이와 할아버지까지 모두 축구 중계를 보고 있어요. 스페인 사람들은

축구를 사랑하고 함께
응원하는 것을 아주 좋아해요.

스페인에서 인기 스포츠는 축구뿐만이 아니에요. 전 세계에서 가장 유명한 스페인 운동선수는 테니스 선수 라파엘 나달이에요. 자동차 경주인 포뮬러 원 선수 페르난도 알론소와 배구 선수 파우 가솔도 유명해요.

스페인의 가장 큰 팀은 **레알 마드리드**와 FC(에프시) **바르셀로나**예요. 1899년에 스페인과 영국, 스위스 출신 아마추어 축구 선수들이 모여 만든 FC 바르셀로나가 더 유명해요. FC 바르셀로나는 세계적으로 유명한 팀이 되었고, 전 세계에 수십만 명의 팬을 거느리고 있어요.

여러분이 언젠가 카탈루냐의 수도에 가게 되면, FC 바르셀로나의 **캄프 노우** 축구장에 들러 보세요. 캄프 노우는 방문객들에게 열려 있어 로커 룸과 해설자 부스도 볼 수 있어요.
FC 바르셀로나가 지금까지 딴 트로피, 첫 번째 클럽 증서, 옛 축구 선수들의 유니폼을 볼 수 있는 박물관과 기념품 가게도 있어요.

유럽 선수권 대회나 월드컵이 열릴 때 레알 마드리드와 FC 바르셀로나 소속 선수들은 힘을 합쳐 스페인 국가 대표로 뛰어요. 스페인은 세 번이나 유럽 선수권에서 우승했어요. 첫 번째 우승했을 때는 소피아 여왕이 직접 축하를 하러 왔답니다.

막대기에 꽂아요

대 사탕 **추파 춥스** 알지요? 이 추파 춥스를 스페인 사람이 만들었다는 것도요? 이 사탕을 처음 만든 사람은 엔리크 베르나트예요. 이 사람은 아이들이 사탕을 먹을 때 손이 더러워지는 것을 보고, 막대기에 사탕을 꽂아 막대 사탕을 만들었어요. 벌써 60년 전 이야기지요.

엔리크 베르나트는 사탕 모양이 축구공처럼 동그랗다고 해서 **골**이라는 이름을 붙이려고 하다가 그 대신 **춥스**라는 이름을 붙였어요. 핥는다는 뜻의 **추파르**라는 단어에서 온 말이에요. 사탕 광고는 이렇게 만들어졌어요. **추파 운 둘세 카라멜로. 추파, 추파, 추파 춥스!**(달콤한 사탕을 핥아 먹어. 춥스를 핥아, 핥아, 핥아!) 그 뒤로 스페인 사람들은 "춥스 사탕 주세요."라고 말하는 대신 "추파 춥스 주세요."라고 말했어요. 베르나트는 사탕 이름을 다시 추파 춥스로 바꿨어요.

추파 춥스의 로고는 카탈루냐의 유명 예술가 살바도르 달리가
디자인했답니다. (112쪽을 보세요.) 노랑 빨강 꽃 모양 그림은
모든 사람의 마음에 들었어요. 베르나트의 회사는 지금까지
이 로고를 쓰고 있어요.

추파 춥스는 널리 퍼져 거의 전 세계에 어디서나 먹을 수 있어요.
심지어 우주선에서도요. 1995년 러시아의 추파 춥스 공장에서
우주 정거장 미르의 우주 비행사들에게 추파 춥스를 보냈거든요.

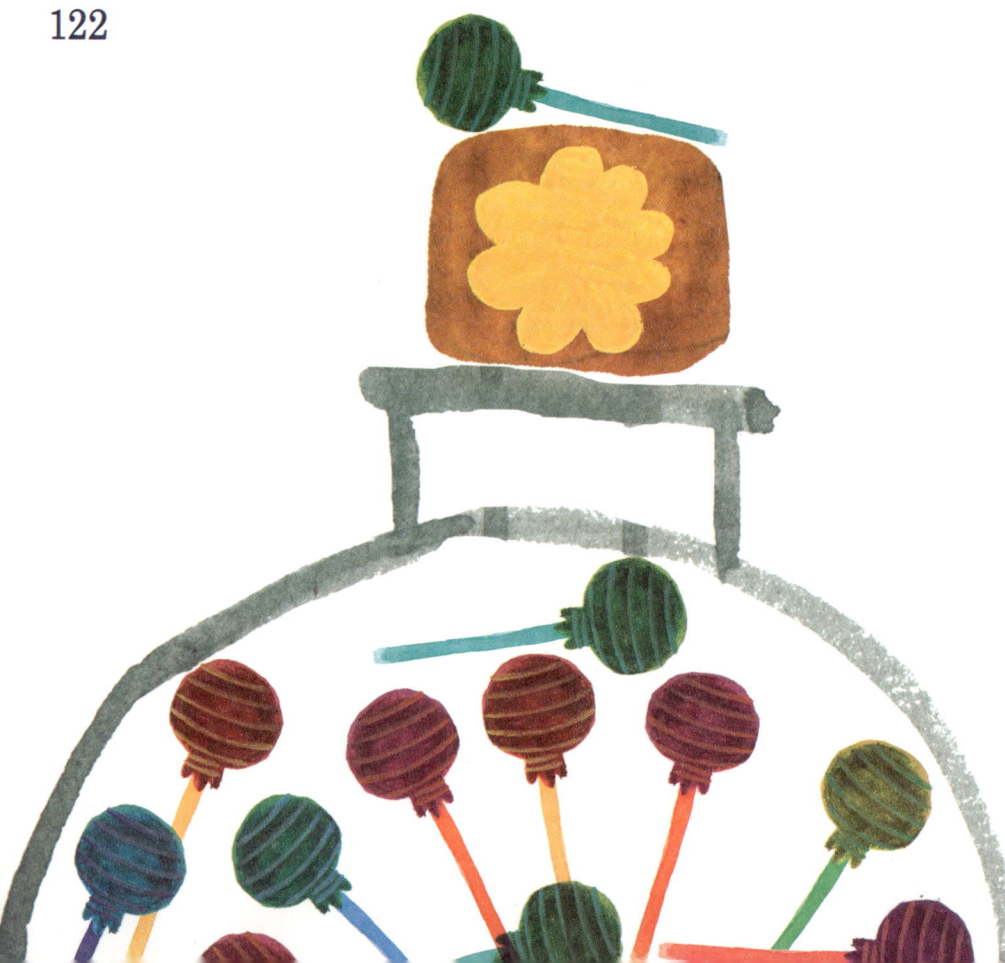

스페인에 막대기가 달린 발명품이 추파 춥스 말고 또 있어요. 두 번째로 유명한 건 바로 대걸레예요. 수십 년 전만 해도 엎드려서 바닥을 닦아야 했어요. 그러다 1956년, 스페인의 기술자 마누엘 코로미나스가 막대에 술이 달린 대걸레와 짜는 기능이 있는 양동이를 생각해 냈답니다.

동굴 속 야생 들소

스페인의 어린 여자아이가 세계에서 가장 유명한 선사 시대 유물을 발견했어요. 이 여자아이의 이름은 마리아로, 마르셀리노 산스 데사우투올리라는 아마추어 고고학자의 딸이었어요.

19세기 말, 마르셀리노는 자기 땅에 있는 동굴들을 조사하기 시작했어요. 한번은 딸인 마리아를 데려갔어요. 두 사람이 **알타미라** 동굴에 같이 들어갔을 때 딸이 위쪽을 쳐다보다가 **"토로스!"**(황소다!)라고 소리쳤어요.

정말 동굴의 바위 천장에 동물 무리 그림이 있었어요. 마리아의 아버지는 이 그림이 선사 시대 때 그려진 그림이라고 결론을 내렸어요. 그런데 처음에는 아무도 이 사실을 믿지 않았어요. 그림이 정말 아름답고 정교했기 때문이에요. 고고학자들은

돌로 만든 도구를 쓰며 동굴에 살던 선사 시대 사람들이 이런 그림을 그렸다는 걸 믿지 못했어요. 어떤 사람들은 마르셀리노가 화가를 고용해 동물 그림을 거짓으로 그렸다고까지 말할 정도였어요. 20세기 초, 마르셀리노가 죽고 14년이 지난 뒤에야 고고학자들은 이 그림을 진짜라고 인정했어요.

지금은 알타미라 동굴에 들어갈 수 없어요. 그림이 더 이상 손상되지 않도록 동굴을 폐쇄했기 때문이에요. 동굴에는 연구자들만 들어갈 수 있고, 일반 사람들은 동굴 벽화의 똑같이 그린 모사한 그림을 박물관에서 봐야 해요.

동굴 벽에는 붉은색과 검은색으로 야생 들소와 사슴, 노루, 말들이 그려져 있어요. 높이가 2미터 반이나 되는 되는 거대한 암사슴과 남자의 손 모양, 여자와 어린아이, 기하학적으로 생긴 인간의

형상도 여럿 있어요. 선사 시대 화가들은 이 그림을 그리는 데 울퉁불퉁한 바위의 표면도 이용했지요. 그 덕분에 동물들이 무척 입체적으로 보여요. 횃불을 비추면 동물들이 마치 움직이는 것 같은 느낌을 줘요.

얼마 전까지만 해도 알타미라 동굴의 벽화는 대략 1만 3천 년 전에 그려진 것으로 추정했어요. 하지만 최근 이 벽화 가운데 가장 오래된 그림은 3만 6천 년이나 된 것으로 밝혀졌어요.

초콜릿 맛 물고기

몇 년 전까지 스페인의 코스타브라바에는 세계에서 가장 유명한 식당이 있었어요. 식당 이름은 엘 불리. 일 년 중 딱 여섯 달, 4월부터 9월까지만 여는 식당이에요. 예약을 하려면 아주 오래전부터 서둘러야 해요. 한 철에 200만 명이나 예약을 원하는 곳이니까요! 그렇지만 예약에 성공하는 사람은 몇 되지 않아요.

이 식당에서 어떤 음식이 나오느냐고요? 달걀 스크램블 맛이 나는 아이스크림, 포도주로 만든 스파게티, 베이컨 맛 초콜릿, 스프레이처럼 나오는 파스타, 강낭콩으로 만든 무스, 치즈로 만든 투명 젤리, 캡슐 속 올리브……. 이 요리들은 모두 아주 비싼 데다 양도 적어요.

농담이 아니에요. 이런 걸 **분자 요리**라고 하는데, 이 분야의

최고 스타는 엘 불리 레스토랑의 요리사인 카탈루냐 출신 페란 아드리아예요. **페란 아드리아**의 부엌은 마치 실험실 같아요. 스테인리스 판, 이상한 기계들, 액체가 든 그릇, 해초액이 든 병과 주사기, 스패너, 즙을 짜는 기구…….

과학 실험을 연상하게 하는 분자 요리는 모양도 신기하지요. 게다가 이 식당 요리사들은 모두 그 지역에서 나는 자연 재료로 건강에 좋은 요리를 만들어요.

그런데 페란 아드리아는 몇 년 전 식당을 닫았어요. 왜 그랬는지 아드리아에게 묻자 이렇게 대답했대요. "저희가 계속 반복하기 시작했다는 느낌이 들었어요. 더 창의적인 활동을 위해 시나리오를 바꿀 때가 되었습니다."

스페인에는 전 세계 미식 수도라고 일컬어지는 곳이 있어요. 바로 산세바스티안이지요. 이 도시에는 미슐랭 가이드에서 별을 세 개 받은 식당이 세 곳이나 있어요. 미슐랭의 별은 식당이 받는 최고의 영예예요.

기사와 풍차

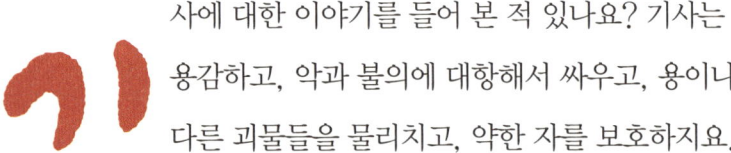사에 대한 이야기를 들어 본 적 있나요? 기사는 용감하고, 악과 불의에 대항해서 싸우고, 용이나 다른 괴물들을 물리치고, 약한 자를 보호하지요.

라만차의 귀족 **돈키호테**는 이런 이야기를 너무 많이 읽었어요. 머릿속에 기사에 대한 이야기들이 꽉 찬 돈키호테는 자기도 기사가 되기로 결심했어요.

기사라면 말과 하인, 사랑하는 여인이 있어야 해요. 그래서 돈키호테는 자신의 늙은 노새에게 로시난테라는 이름을 붙이고, 시골뜨기 **산초 판사**를 하인으로 임명했어요. 사랑하는 여인은 근처 시골 마을에서 발견하고 둘시네아라는 이름을 붙였지요. 그러고는 길을 나섰어요. 돈키호테는 곧 유명해졌지요.

키가 크고 마른 기사와 작고 뚱뚱한 하인은 여전히 전 세계에 이름을 떨치고 있어요. 17세기 스페인 소설가 **세르반테스**의 소설 속 주인공들이지요. 세르반테스는 당시 유행하던 기사 이야기를 풍자하기 위해 이 소설을 썼지만, 이 소설은 바로 전설이 되었어요.

돈키호테는 정신이 좀 이상했어요. 머릿속 모든 것이 뒤죽박죽이었지요. 여관을 성으로 여기고, 양 떼를 기사로 착각하고, 하녀를 공주라 생각했어요. 풍차를 거인이라고 생각해 달려들어 공격했어요. 모두가 자기를 비웃어도 돈키호테는 자신이 기사이며 악과 싸워야 한다는 믿음을 잃지 않았어요.

16세기 이베리아반도에 끔찍한 가뭄이 들었어요.
강이 마르자 물레방아도 멈추고 말았어요.
그래서 스페인에 풍차가 세워지기 시작했어요.
쿠엥카, 톨레도, 시우다드레알 지역의 풍차들은
지금까지 남아 있어요. 돈키호테가 싸운 풍차는
캄포데크립타나 지역에서 구경할 수 있어요.

단 것과 관용

것과 관용이라고요? 이 둘 사이에 무슨 관련이 있는 걸까요? 글쎄요. 하지만 관용이 없었다면 과자 마르지판은 없었을 거예요.

마르지판은 11세기에 스페인의 **톨레도**에서 만들어졌다고 해요. 이베리아인들이 톨레도를 세웠고, 그 뒤에 로마인이 다스렸어요. 그다음에는 서고트족이, 그다음에는 무어인이 다스렸고요. 톨레도 사람들은 관용으로 유명했어요. 다른 사람의 생각이나 종교, 관습을 존중했지요. 그 덕분에 톨레도에는 유대인도, 기독교인도, 이슬람 교인도 수백 년 동안 평화롭게 어울려 살았어요.

세 문화의 학자들과 예술가들은 톨레도에서 함께 협력하며 자신들이 가진 지식을 나눌 수 있었어요. 그 덕분에 톨레도에서 학문과 예술이 발달했어요. 예를 들어 톨레도에서 나온 번역 덕분에 유럽은 그리스

철학자들의 글을 새롭게 접할 수 있게 되었지요. 이 글들은 서로마 제국이 멸망한 뒤, 아랍어로 번역된 것들만 남아 있었거든요.

그러다가 15세기에 이르자 관용 정신이 사라졌어요. 그리고 유대교와 이슬람교에 대한 박해가 시작되었어요. 이 종교를 가진 사람들에게 강제로 기독교식 세례를 받게 하고, 받지 않으면 도시에서 쫓아내거나 죽이기도 했어요. 16세기에 수도가 마드리드로 옮겨 가자 톨레도는 그때까지 가졌던 많은 것을 잃을 수밖에 없었어요.

좋았던 옛 시절로부터 남은 것은 단것들이었어요. 그 가운데 하나가 아몬드 조각을 설탕과 섞은 과자 마르지판이에요. 마르지판이 어떻게 생겨났는지에 대한 이야기는 분분해요. 어떤 사람들은 무어인의 발명품이라고 해요. 이베리아반도에 온 무어인들이 아몬드 나무가 잔뜩 있는 것을 보고는 아몬드를 과자 만드는 데 쓴 거라고요. 그런데 설탕이 없었어요. 그래서 사탕수수밭을 만들었다고 해요.

오늘날 톨레도의 마르지판은 전 세계에서 최고예요. 이 아름다운 도시를 언젠가 방문하게 된다면, 꼭 마르지판을 맛보세요!

마르지판 외에 투론도 먹어 보세요. 크리스마스 때 먹는 누가 과자와 비슷한 아몬드와 꿀로 만든 단 과자예요.

스페인의 가장 훌륭한 화가이자 조각가인 엘 그레코도 톨레도에 살았어요. 엘 그레코는 그리스인이라는 뜻인데, 고향이 그리스의 섬인 크레타이기 때문이에요. 진짜 이름은 도메니코스 테오토코풀로스였답니다.

스페인의 배꼽

모든 길은 로마로 통한다는데, 스페인에서는 그렇지 않아요. 모든 길은 마드리드에서, 그러니까 수도에서 시작된다고 말해요. 푸에르타델솔(태양의 문) 광장에 '제로 포인트'가 있는데, 스페인의 모든 지점을 말할 때 여기를 기준으로 거리를 재요. 보도블록 위 반원 안에 스페인 지도가 그려져 있어요.

제로 포인트는 18세기 때 말이 끄는 운송 수단인 마차가 다니던 길이었는데, 스페인에 제대로 된 길이 없을 때 여기에서부터 시작해서 길을 만들었다는 표시예요. 오늘날 이 제로 포인트에서 방사형으로 여섯 개의 길이 뻗어 나가요. 카스티야와 레온, 아라곤과 카탈루냐, 발렌시아, 안달루시아,

마드리드를 방문했을 때 마드리드에 다시 오고 싶다면 꼭 제로 포인트를 밟으세요. 그러면 마드리드에 반드시 다시 올 수 있다고 해요. 그리고 마드리드에서 기념품을 사고 싶다면, 엘라스트로 벼룩시장에 가 보세요. 이 시장에는 보석, 책, 옷, 고가구, 음반, 잡지 등 없는 것이 없답니다.

에스트레마두라와 포르투갈, 그리고 갈리시아 지방으로요.

제로 포인트는 마드리드의 중심이자 스페인의 중심이에요. 그래서 여기를 종종 **스페인의 배꼽**이라고 불러요. 스페인의 진짜 한가운데는 다른 곳이지만, 거리를 잴 때 푸에르타델솔의 제로 포인트를 사용하니까요.

꿀벌 마야가 아니고

18세기에서 19세기 무렵, 스페인에 화가 **프란시스코 고야**가 살았어요. 어느 날, 스페인의 총리 마누엘 고도이가 고야에게 여자의 알몸 그림을 주문했어요. 마누엘 고도이는 이런 그림들을 방에 가득 모아 놓고 보통 때는 문을 잠가 놓았다가 몇몇 사람에게만 몰래 보여 주곤 했지요.

왜냐고요? 당시 스페인에서는 사람 알몸을 그리지 못하게 했거든요. 알몸은 고대 신화를 그릴 때만 그릴 수 있었어요. 잔인하기로 이름 높았던 스페인의 종교 재판소에서 이를 감시했어요. 교회와 다른 생각이나 다른 종교를 가진 사람들을 박해하고 벌을 주던 곳이지요.

고야의 알몸 그림은 특히 위험했어요. 현실 속 여성을 주인공으로 그렸으니까요. 아마 그래서 고야는 똑같은 침대를 배경으로 똑같은 여성을 똑같은 자세로 두 번째 그림을 그렸을 거예요. 옷을 입고

있는 것만 달랐지요. 알몸을 그린 그림은 특별한 기계 장치에 연결했어요. 보통 때에는 옷을 입은 그림을 걸어 놓고, 기계가 작동하면 옷을 벗은 그림이 보이게 되어 있었어요.

하지만 몇 년 뒤 이를 눈치챈 종교 재판소가 고도이의 수집품을 압수하고 도덕적이지 못한 행위를 했다고 고야를 고발했어요. 다행히 고야는 벌을 받지 않고 빠져나올 수 있었어요.

오늘날 이 두 장의 그림은 누구나 볼 수 있어요. 마드리드의 프라도 미술관에 걸려 있거든요. 그림 제목은 **'옷을 벗은 마야'**, **'옷을 입은 마야'**예요. 마야는 사실 스페인어로 마하라고 읽어야 해요. 사람 이름이 아니라 아름다운 여인을 가리키는 말이에요. 고야의 캔버스에 등장하는 아름다운 미인은 누구였을까요? 그건 알 수 없어요.

그림에 관심이 있다면 마드리드의 세 박물관에는 꼭 가 봐야 해요. 프라도 미술관, 국립 소피아 여왕 예술 센터, 1보르네미사 미술관이에요. 여기서 피카소의 **게르니카**(국립 소피아 여왕 예술 센터)나 벨라스케스의 **시녀들**(프라도) 같은 그림을 볼 수 있어요.

낮잠 대회

몇년 전 스페인 신문에 재미있는 광고가 등장했어요. '마드리드에서 제1회 낮잠 대회를 엽니다. 점심 먹고 낮잠 자기 대회입니다. 대회는 목요일 12시에 시작됩니다. 심사 위원들은 가장 깊이 오래 자는 사람, 잠잘 때의 자세, 일어나는 방식을 채점합니다. 관객들은 가장 인상 깊은 코골이상을 정합니다. 이 대회의 주최자는 **시에스타 친구들 협회**입니다.'

점심 때 잠을 자는 낮잠을 일컫는 시에스타는 오래된 전통이에요. 11세기 수도사들도 낮잠을 잤어요. 성 베네딕트 수도회에는 새벽에서 여섯 시간이 지나면 (라틴어로 **호라 섹스타**) 쉰다는 규율이 있어요.

햇볕이 뜨거울 때 요긴한 것은 부채! 부채는 스페인의 상징 중 하나예요. 여자라면 모두 부채를 갖고 있어요. 옛날, 부채는 비밀스러운 메시지를 전달하는 데도 쓰였어요. 예를 들어 왼쪽 귀 옆에 부채를 두면 '날 가만히 내버려 둬요.'라는 뜻이고, 누군가를 접힌 부채로 가리키는 것은 '날 아직도 사랑하나요?'라는 뜻이었대요.

수도사들은 12시부터 3시 사이 잠시 쉬면서 나머지 하루를 버틸 힘을 쌓아 두었어요. 시간이 흐르면서 이 습관은 다른 수도회에 전파되었고, 나중에는 보통 사람들에게도 퍼졌지요. 그리고 **호라 섹스타**라는 말 대신 시에스타라는 이름이 붙어서 지금까지 이어지고 있어요.

지금 스페인에서는 보통 오후 2시부터 4시 사이가 시에스타 시간이에요. 사람들 대부분 일을 쉬어요. 어떤 사람은 집에 가서 점심을 먹고 낮잠을 자기도 하고, 어떤 사람은 식당에 들르기도 하고, 어떤 사람은 산책을 하기도 해요.

시에스타는 게으름을 부리는 게 아니에요! 이베리아반도에서 시에스타는 기후 때문에 꼭 필요해요. 이 지역의 여름 오후는 너무 뜨겁거든요. 게다가 옛날에는 에어컨도 없었으니까요.

스페인어를 배워 볼까요?

hola (올라) - 안녕?

buenos días (부에노스 디아스) - 안녕하세요 (낮 인사)

buenas tardes (부에나스 타르데스) - 안녕하세요 (오후 인사)

buenas noches (부에나스 노체스) - 안녕하세요 (저녁 인사)

adiós (아디오스) - 안녕히 계세요

sí (시) - 네

no (노) - 아니요

gracias (그라시아스) - 감사합니다

por favor (포르 파보르) - 부탁합니다

perdone (페르도네) - 죄송합니다, 실례합니다

calle (카예) - 거리

ciudad (시우다드) - 도시

estación (에스타시온) - 역

policía (폴리시아) - 경찰서

médico (메디코) - 의사

hotel (오텔) - 호텔

tienda (티엔다) - 가게

restaurante (레스타우란테) - 레스토랑

desayuno (데사유노) - 아침 식사
almuerzo (알무에르소) - 점심 식사
cena (세나) - 저녁 식사
delicioso (델리시오소) - 맛있다

¿Dónde está el baño?
(돈데 에스타 엘 바뇨?) - 화장실은 어디 있습니까?
¿Como te llamas? (코모 테 야마스) - 네 이름이 뭐니?
Mi nombre es... (미 놈브레 에스) - 내 이름은……
No entiendo. (노 엔티엔도) - 모르겠습니다.
¿Cuánto cuesta? (쿠안토 쿠에스타?) - 얼마예요?
¡Besos! (베소스!) - 키스!
¡Feliz año nuevo! (펠리스 아뇨 누에보)
- 새해 복 많이 받으세요!
¡Jesús! (헤수스) - 건강에 주의하세요!(누군가 재채기를 할 때 하는 말), 어머나!

- ¿Quién es tu jugador favorito?

(키엔 에스 투 후가도르 파보리토)

당신이 가장 좋아하는 축구 선수는 누구입니까?

- ¡Leo Messi, por supuesto!

(레오 메시 포르 수푸에스토)

당연히 레오 메시죠!

- ¿Vamos a un concierto de flamenco?

(바모스 아 운 콘시에르토 데 플라멩코?)

플라멩코 콘서트에 갈까요?

- ¡Claro!

(클라로!)

물론이에요!

- Me interesa el arte. ¿Y tu?

(메 인테레사 엘 아르테 이 투?)

나는 미술을 좋아해. 너는?

스페인 요리를 만들어 봐요

간단하고 맛있는 스페인 요리를 부모님과 함께 만들어 보세요.

토마토 토스트

재료
토마토 1개
빵 한 덩어리
올리브유
소금 조금

토마토를 반으로 썰어 구멍이 작은 강판에 갈아요. 빵은
프라이팬이나 토스터, 오븐에 바삭바삭해질 때까지 구운 후,
올리브유를 붓고 갈아 놓은 토마토를 발라요.
그런 뒤 소금을 살짝 뿌려요.

재료
토마토 3~4개
양파 2개
파프리카 2개
오이 1개
마늘 1조각
올리브유 1숟가락
소금
후추

채소는 껍질을 벗긴 뒤 믹서에 갈아요. 채소를 갈 때 마른 빵 한두 조각을 함께 넣어 갈아도 돼요. 간 채소에 소금과 후추, 올리브유를 넣고 섞어요. 가스파초는 시원하게 해서 내어요.

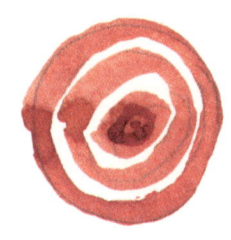

짭잘한
아몬드
볶음

재료

아몬드 200그램

고운 소금

좋은 올리브유 1/3컵

버터 1숟가락

프라이팬에 올리브유와 버터를 넣고 열을 가해요.
아몬드를 계속 저으며 5분 동안 볶은 후 소금에 굴려요.
조심하세요! 아주 뜨거우니까요.

양젖 치즈와 꿀

재료
만체고(양젖으로 만든 치즈)가 가장 좋아요.
꿀

작은 접시를 꺼내 꿀을 약간 따라요.
양젖 치즈는 얇게 썰고, 끝부분이 꿀에 닿게 접시에 담아요.
맛있게 드세요!

차례

들어가는 말 5
온 나라에 태양빛이 가득 15
스페인어를 해 보아요 20
축제를 즐겨요 24
줄 서서 아침을 먹어요 28
스페인의 크리스마스 32
숨이 막힐 수도 있으니 조심하세요! 36
콜럼버스와 토마토 40
동화의 나라 45
파리가 앉지 못해요 48
1 더하기 1은 2가 아니에요! 53
유럽의 끝 56
세비야의 바람둥이 61
손뼉을 치고 발을 굴러요 64
전 세계가 노래하는 여자 69
황소에게 붉은 천을 흔들어요 72
돼지 뒷다리 76
마카로니 웨스턴 80

모스크 안의 교회 84
무늬로 가득한 벽 89
더울 때는 가스파초 92
춤추는 말들 96
일요일의 파에야 100
바르셀로나의 거리 104
굽이치는 벽들 109
불타는 기린 112
바르셀로나의 축구 선수들 116
막대기에 꽂아요 121
동굴 속 야생 들소 124
초콜릿 맛 물고기 128
기사와 풍차 132
단것과 관용 137
스페인의 배꼽 140
꿀벌 마야가 아니고 145
낮잠 대회 148
스페인어를 배워 볼까요? 152
스페인 요리를 만들어 보아요 157

글 모니카 비엔-쾨니히스만(Monika Bień-Königsman)

폴란드 브로츠와프 대학에서 언어학을, 포즈난 대학원에서 PR(홍보 활동)을 공부했어요.
영국 브라이턴과 폴란드 브로츠와프에서 인테리어 디자인과 건축을 공부했습니다.
2004년부터 2009년까지 영국과 스페인에서 살았고, 2009년 이후부터는 폴란드에서 살고 있어요.
지금은 인테리어 디자이너로 일하고 있습니다. 스페인에 매료되어 스페인을 소개하는
블로그를 운영하고 있습니다.(hiszpanskiesmaki.es)

그림 마리아 덱(Maria Dek)

폴란드 바르샤바 미술 학교와 영국 런던 예술 대학을 졸업했어요.
《내가 아주 커다랬을 때》《숲에서》 등의 책을 쓰고 그렸어요. 여러 나라 출판사들과 함께 일했고,
폴란드를 비롯한 여러 나라에서 작품을 전시했습니다.

옮김 이지원

한국외국어대학교에서 폴란드어를 공부하고 폴란드에서 어린이책 일러스트레이션의 역사를 연구해
박사 학위를 받았습니다. 현재 학생들을 가르치며 어린이책 연구가로 활동하고 있습니다.
옮긴 책은 〈풀빛 지식 아이〉 시리즈의 《꿀벌》과 〈예술 좀 하는 어린이〉 시리즈의 《생각하는 건축》
《상상하는 디자인》《꿈꾸는 현대 미술》《표현하는 패션》《아이디어 정원》과 《또 다른 지구를 찾아서》
등이 있습니다.

책으로 여행하는 아이 ③
올레! 스페인

초판 1쇄 인쇄 2018년 5월 10일 | 초판 3쇄 발행 2025년 1월 27일
글쓴이 모니카 비엔-쾨니히스만 | 그린이 마리아 덱 | 옮긴이 이지원
펴낸이 홍석 | 이사 홍성우 | 편집부장 이정은 | 편집 조유진 | 외주편집 김연희 | 디자인 권영은 · 김영주 | 외주디자인 조은화
마케팅 이송희 · 김민경 | 제작 홍보람 | 관리 최우리 · 정원경 · 조영행 | 펴낸곳 도서출판 풀빛
등록 1979년 3월 6일 제2021-000055호 | 제조국 대한민국 | 사용연령 5세 이상
주소 서울특별시 강서구 양천로 583 우림블루나인 A동 21층 2110호
전화 02-363-5995(영업) 02-362-8900(편집) | 팩스 02-393-3858 | 전자우편 kids@pulbit.co.kr
홈페이지 www.pulbit.co.kr | 블로그 blog.naver.com/pulbitbooks | 인스타그램 instagram.com/pulbitkids

ISBN 979-11-6172-073-9 74920 · ISBN 979-11-6172-007-4 (세트)
이 도서의 국립중앙도서관 출판예정도서목록(CIP)은 서지정보유통지원시스템 홈페이지(http://seoji.nl.go.kr)와
국가자료공동목록시스템(http://www.nl.go.kr/kolisnet)에서 이용하실 수 있습니다. (CIP제어번호:CIP2018010871)

Ole! by Monika Bień-Königsman, Maria Dek
ⓒ Copyright for the text by Monika Bień-Königsman, 2016
ⓒ Copyright for the illustrations by Maria Dek, 2016
ⓒ Copyright for this edition by Wydawnictwo Dwie Siostry, Warszawa 2016
Korean Translation Copyright ⓒ 2018 by PULBIT publishing co.
All rights reserved.
The Korean language edition published by arrangement with Wydawnictwo Dwie Siostry, Seoul.

이 책의 한국어판 저작권은 Wydawnictwo Dwie Siostry 와의 독점 계약으로 〈도서출판 풀빛〉에 있습니다.
저작권법에 의해 한국 내에서 보호를 받는 저작물이므로 무단전재와 무단복제를 금합니다.

*이 책에 나오는 지명과 인명은 국립국어원의 외래어 표기법을 기준으로 하였습니다.
*책값은 뒤표지에 표시되어 있습니다.
*파본이나 잘못된 책은 구입하신 곳에서 바꿔드립니다.